IL CANTICO DI FRANCESCO: STORIA DI UN SANTO

Copione teatrale

IL CANTICO DI FRANCESCO: STORIA DI UN SANTO
Copione teatrale liberamente ispirato alla vita e alle opere di San Francesco d'Assisi.

Autore: **Giorgio La Marca**
Editing: **Teresa Esposito**

Edizione: **AQUILONE BLU**
aquiloneblueditore@gmail.com
tel 366.26.53.522

www.maestroteo.it
www.spettacolidiclasse.it

Tutti i diritti riservati.

Finito di stampare: Agosto 2024

Prefazione

Cari Lettori,

è con immenso piacere e sincera emozione che vi presento questo libro, dedicato alla vita e alle opere di San Francesco d'Assisi. La storia di questo straordinario santo non è solo una cronaca di eventi, ma un racconto di trasformazione, spiritualità e amore universale che continua a ispirare generazioni dopo generazioni.

San Francesco è una figura che ha superato le barriere del tempo e dello spazio, toccando il cuore di chiunque si avvicini alla sua storia con spirito aperto. Il suo cammino da giovane mercante a fondatore di un ordine religioso, la sua scelta radicale di povertà e umiltà, e la sua profonda connessione con la natura e i più bisognosi sono stati per me una fonte di grande ispirazione e riflessione.

Nel preparare questo libro, ho cercato di catturare non solo i fatti della sua vita, ma anche l'essenza della sua anima. Ho voluto esplorare il contesto in cui visse, i suoi incontri significativi e le sue intuizioni spirituali che hanno trasformato il suo mondo e continuano a influenzare il nostro. La mia speranza è che le pagine di questo libro non solo vi informino, ma vi permettano di entrare in contatto con la forza e la bellezza del messaggio di San Francesco.

La vita di San Francesco ci insegna che il vero ricchezza non si trova nei beni materiali, ma nella generosità del cuore e nella semplicità dell'esistenza. Le sue scelte audaci e la sua dedizione incrollabile alla causa del bene ci offrono un esempio luminoso di come possiamo vivere una vita piena e significativa, anche in un mondo che spesso sembra essere dominato dall'individualismo e dal consumo.

Spero che leggendo questo libro, vi sentiate ispirati a riflettere sui vostri valori e sulla vostra vita, e che possiate trovare nei racconti di San Francesco una guida per affrontare le sfide della vostra esistenza con speranza, coraggio e amore. Che il suo spirito di pace e di servizio possa illuminarvi e guidarvi nei vostri momenti di difficoltà e gioia.

In conclusione, vi ringrazio per aver intrapreso questo viaggio con me. La vita di San Francesco è una luce che brilla attraverso i secoli, e spero che questo libro vi aiuti a scoprire e ad apprezzare la sua straordinaria eredità.

Buona lettura e buon viaggio!

Giorgio La Marca

PERSONAGGI

PERSONAGGI PRINCIPALI

San Francesco d'Assisi: Protagonista dello spettacolo. Seguiamo la sua trasformazione da giovane ricco a fondatore dell'Ordine Francescano. Il suo spirito e i suoi insegnamenti guidano la narrazione.

Santa Chiara d'Assisi: Fondatrice delle Clarisse e stretta amica di Francesco. Rappresenta la forza della fede e la dedizione alla povertà e all'umiltà.

Frate Leone: Uno dei più fedeli compagni di Francesco, noto per la sua umiltà e semplicità. È la voce narrante in una delle versioni della presentazione.

Pica Bourlemont: Madre di San Francesco. Rappresenta l'amore materno e la preoccupazione per le scelte radicali del figlio. In una versione, è lei a presentare lo spettacolo.

Pietro di Bernardone: Padre di San Francesco, un ricco mercante. Rappresenta il conflitto tra i valori materiali e spirituali, cercando di comprendere le scelte del figlio. Anche lui è uno dei possibili personaggi per la presentazione dello spettacolo.

Frate Elia da Cortona: Successore di Francesco come Ministro Generale dell'Ordine Francescano. Un uomo pratico e intelligente, molto vicino a Francesco e importante per l'espansione dell'Ordine. È una delle possibili voci per la presentazione.

PERSONAGGI SECONDARI

Frate Masseo: Un altro dei primi seguaci di Francesco, noto per la sua intelligenza e il suo buon senso. Spesso scherza con Francesco, ma lo rispetta profondamente.

Frate Ginepro: Uno dei frati più semplici e devoti. Conosciuto per il suo spirito allegro e la sua obbedienza assoluta, rappresenta l'umiltà e la gioia della vita francescana.

Frate Bernardo di Quintavalle: Il primo seguace di Francesco, un ricco mercante che dona tutto ai poveri. Simbolo della scelta radicale di seguire Francesco nella povertà.

Vescovo Guido: Vescovo di Assisi, che supporta Francesco nel suo cammino di fede, pur cercando di moderare le sue scelte più estreme.

Donna povera con un bambino: Comparsa in alcune scene che rappresenta la sofferenza e la povertà che Francesco e i suoi seguaci cercano di alleviare.

COMPARSE

Mercanti e cittadini di Assisi: Rappresentano la società da cui Francesco si distacca. Sono presenti in diverse scene, sia per sottolineare la ricchezza da cui Francesco si separa, sia per mostrare la reazione della comunità alle sue scelte.

Soldati: Appaiono nelle scene in cui Francesco partecipa alla guerra o nelle situazioni in cui si rappresenta l'oppressione dei poveri.

Lebbrosi: Comparse che appaiono nelle scene in cui Francesco si avvicina ai più emarginati della società, abbracciando i lebbrosi come segno del suo amore universale.

Seguaci di Santa Chiara: Comparse che rappresentano le prime donne che si uniscono a Chiara, contribuendo alla nascita dell'Ordine delle Clarisse.

Animali: Anche se non veri e propri personaggi, gli animali (uccelli, lupi, ecc.) sono simboli ricorrenti dell'amore di Francesco per tutte le creature di Dio. Possono essere rappresentati in modo simbolico o con l'uso di burattini o effetti sonori.

PRESENTAZIONI

(Il teatro è immerso nell'oscurità. Un singolo fascio di luce illumina il centro del palco, mentre il sipario resta chiuso)

NARRATORE:

Signore e signori,

Benvenuti a questo viaggio nel tempo, in un'epoca in cui la fede e l'amore per la creazione illuminavano la vita di un uomo straordinario: San Francesco d'Assisi.

In questo spettacolo, racconteremo la storia di un giovane uomo che scelse la povertà come sua ricchezza, che trovò nella semplicità il vero significato della vita, e che amò tutte le creature di Dio come fratelli e sorelle.

Seguiremo Francesco dalla sua giovinezza ribelle, attraverso la sua conversione, fino alla fondazione di un movimento che avrebbe cambiato il mondo. Vedremo come la sua amicizia con Santa Chiara diede vita a una comunità di fede, e come i suoi insegnamenti di umiltà, pace e amore per la natura risuonano ancora oggi nei cuori di milioni di persone.

Questa è una storia di coraggio, di sacrificio, ma soprattutto, di amore. Un amore puro, disinteressato, che trascende ogni cosa terrena e ci invita a guardare oltre, verso la luce divina.

Prima di cominciare, vi invitiamo a riflettere su ciò che significa vivere una vita semplice, piena di gratitudine per i doni che ogni giorno riceviamo, e su come possiamo, nel nostro piccolo, seguire l'esempio di Francesco.

Signore e signori, preparatevi a entrare in un mondo di fede, speranza e amore. Che lo spirito di San Francesco possa guidarci in questo racconto, e che le sue parole e azioni possano ispirarci a vivere con più umiltà e compassione.

Il viaggio sta per iniziare...

(La luce si affievolisce lentamente, e il silenzio si fa denso di aspettativa. Dopo un breve momento di buio totale, si sente il suono di un campanello o di una dolce melodia che segna l'inizio dello spettacolo, mentre il sipario si apre lentamente sulla prima scena)

Questa presentazione serve a introdurre il pubblico nel mondo e nello spirito di San Francesco, creando un'atmosfera di riflessione prima dell'inizio della rappresentazione teatrale.

<u>Variante 1:</u>

Presentazione dello spettacolo fatta da Frate Leone, il frate più vicino a San Francesco, a sipario chiuso:

(Il teatro è buio. Un singolo fascio di luce si accende al centro del palco, illuminando Frate Leone, che entra lentamente in scena. Indossa un semplice saio marrone e tiene un rosario tra le mani. Il suo volto è sereno, ma velato da una profonda emozione. Si ferma al centro del palco, rivolgendo uno sguardo affettuoso verso il pubblico)

FRATE LEONE: *(con voce dolce e pacata)*

Pace e bene a voi, fratelli e sorelle.

Sono Frate Leone, uno dei tanti che ebbe la grazia di camminare al fianco del nostro caro Fratello Francesco. Oggi, sono qui per raccontarvi la storia di un uomo straordinario, un uomo che cambiò non solo la mia vita, ma anche quella di tutti coloro che ebbero il privilegio di conoscerlo.

(sorride con nostalgia)

Francesco non era come gli altri. Era un uomo semplice, ma con un cuore grande, capace di abbracciare il mondo intero con il suo amore. Io lo vidi trasformarsi da un giovane ricco e spensierato a un uomo che scelse la povertà come sua sposa, e che trovò nella natura la più pura espressione dell'amore di Dio.

In questo spettacolo, rivivremo insieme i momenti più significativi della sua vita. Vi mostrerò il Francesco che conobbi, il Francesco che amò ogni creatura, che parlava con gli uccelli e lodava il sole, il Francesco che ci insegnò a vedere Dio in tutte le cose, grandi e piccole.

(si ferma un attimo, guardando il pubblico con intensità)

Ma non è solo la storia di un santo che vi racconteremo. È la storia di un uomo che, attraverso le sue scelte e il suo esempio, ci insegnò a vivere con più semplicità, con più umiltà, e con più amore. È la storia di una comunità che nacque dal desiderio di servire Dio con tutto il cuore, l'anima e la mente.

E vi chiedo, mentre vi preparate a entrare nel mondo di Francesco, di aprire i vostri cuori alla sua voce. Lasciate che le sue parole risuonino in voi, che la sua gioia diventi la vostra, che la sua pace vi tocchi profondamente.

(con un sorriso sereno)

Pace e bene a voi, fratelli e sorelle. Il viaggio sta per iniziare. Che il Signore vi accompagni in questa storia di fede, speranza e amore.

(Frate Leone si inchina leggermente, poi si allontana lentamente dal centro del palco, lasciando che la luce si affievolisca. Poco dopo, si sente una dolce melodia che segna l'inizio dello spettacolo, mentre il sipario si apre lentamente sulla prima scena)

Questa presentazione fatta da Frate Leone aggiunge un tocco personale e intimo all'introduzione dello spettacolo, creando un legame diretto tra il personaggio e il pubblico. Il suo tono affettuoso e rispettoso aiuta a immergere gli spettatori nella spiritualità e nel messaggio di San Francesco.

<u>Variante 2:</u>

Presentazione dello spettacolo fatta dalla madre di San Francesco:

(Il teatro è avvolto nell'oscurità. Un singolo fascio di luce si accende al centro del palco, rivelando Pica Bourlemont, la madre di San Francesco. Indossa un abito semplice, ma dignitoso, e tiene tra le mani una piccola croce. Il suo volto esprime un misto di dolcezza e malinconia. Si avvicina al centro del palco, guardando il pubblico con occhi pieni di affetto)

PICA BOURLEMONT: *(con voce dolce e materna)*

Cari figli miei,

Sono Pica, la madre di Francesco. Oggi voglio condividere con voi la storia di mio figlio, una storia che forse conoscete, ma che io ho vissuto dal primo momento in cui l'ho tenuto tra le mie braccia.

(sorride nostalgica)

Francesco... Oh, come era pieno di vita, di sogni, di speranze. Da bambino, era come tutti gli altri, spensierato e gioioso. Ma c'era qualcosa in lui, una luce che brillava nei suoi occhi, qualcosa che solo una madre può vedere. Il mio cuore sapeva che Francesco era destinato a qualcosa di grande, anche se non avrei mai immaginato quanto grande.

Lo vidi crescere, passare dalle gioie dell'infanzia alle ribellioni della giovinezza. Era così pieno di ardore, così desideroso di trovare il suo posto nel mondo. Ma la sua strada non era quella che pensavamo. Francesco cercava qualcosa di più, qualcosa che né la ricchezza né la fama potevano dargli.

(con emozione crescente)

Ed è così che mio figlio, il figlio che amavo più di ogni altra cosa, decise di lasciare tutto: la casa, le ricchezze, le comodità. Scelse di vivere nella povertà, di abbracciare gli ultimi, di amare ogni creatura come un fratello o una sorella. Non fu facile per me accettare quella scelta... Ma col tempo ho capito che Francesco non apparteneva solo a me. Apparteneva al mondo intero.

In questo spettacolo, rivivrete i momenti più importanti della sua vita. Vedrete il suo cammino, le sue sofferenze, le sue gioie. Vedrete come è diventato il Francesco che oggi tutti conoscono come il Santo di Assisi, colui che amava Dio sopra ogni cosa e che trovava la bellezza in ogni angolo della creazione.

(con un sorriso dolce e malinconico)

Ma, soprattutto, vedrete il cuore di un uomo che, nonostante tutto, restò sempre il mio bambino, un'anima pura, un'anima dedicata all'amore e alla pace. Vi prego, ascoltate la sua storia con il cuore aperto, così come io l'ho ascoltata e vissuta.

Che la pace che lui ha portato nel mondo possa riempire anche i vostri cuori.

(Pica si ferma un momento, lasciando che le sue parole tocchino il pubblico. Poi, con un sorriso tenero, si inchina leggermente e si allontana dal centro del palco. La luce si affievolisce lentamente, lasciando spazio al suono di una dolce melodia che segna l'inizio dello spettacolo, mentre il sipario si apre lentamente sulla prima scena)

Questa presentazione fatta dalla madre di San Francesco aggiunge un tocco intimo e personale, offrendo uno sguardo amorevole e profondo sulla figura di Francesco attraverso gli occhi di colei che lo ha messo al mondo. Il suo tono affettuoso e nostalgico crea un forte legame emotivo con il pubblico, preparandoli a vivere la storia con una sensibilità particolare.

Variante 3:

Presentazione dello spettacolo fatta da Frate Elia da Cortona:

(Il teatro è buio. Un fascio di luce si accende al centro del palco, rivelando Frate Elia da Cortona. Indossa un saio francescano, e la sua postura è eretta e dignitosa. Tiene tra le mani un libro, simbolo del sapere e della custodia degli insegnamenti di Francesco. Si avvicina al centro del palco con calma, guardando il pubblico con uno sguardo profondo e riflessivo)

FRATE ELIA: *(con voce calma e riflessiva)*

Pace e bene, fratelli e sorelle.

Sono Elia, un umile frate che ebbe l'onore di camminare accanto a San Francesco, di servire al suo fianco, e di custodire i suoi insegnamenti. Oggi, sono qui per condividere con voi la storia di un uomo che non era solo un santo, ma un fratello, un maestro, e un esempio vivente di come la semplicità e l'amore possano trasformare il mondo.

(si ferma un momento, guardando il libro che tiene tra le mani)

Francesco non era come gli altri. Era un uomo che ascoltava la voce del Signore in ogni sussurro del vento, in ogni canto degli uccelli, in ogni raggio di sole. La sua vita era una continua preghiera, una lode incessante al Creatore. Ma non fu sempre così. Come tutti noi, Francesco ebbe un cammino da percorrere, un cammino che lo portò dalle ricchezze del mondo alla povertà scelta, dall'oscurità alla luce.

(con una punta di ammirazione nella voce)

Lo vidi rinunciare a tutto ciò che possedeva, senza mai voltarsi indietro. Lo vidi abbracciare i lebbrosi, parlare con gli animali, lodare Dio in ogni creatura. Eppure, ciò che più mi colpì di lui fu la sua umiltà. Francesco non cercava la gloria o l'onore; cercava solo di servire Dio con tutto il suo cuore.

In questo spettacolo, rivivrete la sua storia attraverso gli occhi di chi l'ha conosciuto e amato. Vedrete come un semplice uomo di Assisi divenne il santo che oggi tutti venerano. Vedrete le sue lotte, le sue gioie, le sue visioni. E forse, attraverso la sua vita, troverete anche voi la strada per avvicinarvi un po' di più a Dio.

(con serietà e speranza)

Che le sue parole e le sue azioni possano ispirarvi, come hanno ispirato me e tanti altri, a vivere con più amore, più semplicità, e più fede.

(Frate Elia chiude il libro con delicatezza e lo tiene vicino al cuore. Poi si inchina leggermente, in segno di rispetto, e si allontana dal centro del palco. La luce si affievolisce, lasciando spazio a una dolce melodia che segna l'inizio dello spettacolo, mentre il sipario si apre lentamente sulla prima scena)

Frate Elia rappresenta una figura di grande autorità e saggezza, il che rende la sua presentazione particolarmente solenne e riflessiva. La sua posizione di rilievo nell'Ordine Francescano e il suo legame personale con Francesco aggiungono un peso significativo alle sue parole, coinvolgendo il pubblico in una riflessione profonda sulla vita del santo e sull'eredità che ha lasciato.

<u>Variante 4:</u>

Presentazione dello spettacolo fatta dal padre di San Francesco:

(Il teatro è immerso nell'oscurità. Un fascio di luce si accende lentamente al centro del palco, rivelando Pietro di Bernardone. È vestito in abiti ricchi, adatti a un mercante di successo, ma il suo volto esprime un profondo turbamento e una tristezza appena velata. Si avvicina al centro del palco, con le mani giunte, come in preghiera, o in cerca di conforto)

PIETRO DI BERNARDONE: *(con voce profonda e piena di emozione, quasi parlando a se stesso)*

Mi chiamo Pietro di Bernardone. Sono il padre di Francesco. Un padre che ha visto il proprio figlio voltargli le spalle, rinunciare a tutto ciò che avevo costruito per lui, per inseguire un sogno che non potevo comprendere.

(si ferma, prendendo un respiro profondo, mentre il dolore e il rimpianto si riflettono nei suoi occhi)

Francesco... Ah, Francesco era tutto per me. Il mio primogenito, il mio erede. Lo crescemmo tra agi e speranze, immaginando per lui un futuro radioso, come mercante, come uomo d'affari, come qualcuno che avrebbe potuto portare alto il nome dei Bernardone. Ma il mio Francesco aveva altri sogni. Sogni che io non potevo vedere, non volevo vedere.

(con voce incrinata)

Lo ricordo, quel giorno... quando rinunciò a tutto, persino ai suoi vestiti, per seguire una vita di povertà e umiltà. Io, un uomo di affari, come potevo capire? Come potevo accettare che il mio stesso sangue preferisse l'elemosina alla ricchezza, la strada al conforto di una casa?

(si ferma un attimo, cercando di dominare l'emozione)

Ma oggi, forse, il mio cuore di padre inizia a capire. Forse non ho perso un figlio, ma il mondo ha guadagnato un santo. E anche se il mio cuore è diviso tra orgoglio e dolore, so che Francesco ha scelto la sua strada, la strada che Dio aveva tracciato per lui.

(con un tono più riflessivo e meno turbato)

In questo spettacolo, vedrete la storia di mio figlio, la storia di Francesco, l'uomo che lasciò tutto per seguire una voce che solo lui sentiva. Vedrete il cammino che intraprese, le sue lotte, le sue scelte. E forse capirete anche voi, come io sto iniziando a capire, perché Francesco fece ciò che fece.

(con voce più dolce, quasi paterna)

Che le sue scelte, anche se dolorose per me, possano ispirarvi a seguire il vostro cuore, a cercare la verità, anche quando sembra difficile da comprendere.

(Pietro di Bernardone si ferma, come se volesse dire qualcosa di più, ma poi si limita a chinare la testa, in un gesto di rispetto e accettazione. Si allontana lentamente dal centro del palco, mentre la luce si affievolisce. Una dolce melodia inizia a suonare, segnando l'inizio dello spettacolo, mentre il sipario si apre sulla prima scena)

Questa presentazione da parte del padre di Francesco è carica di conflitto emotivo e di un amore paterno che, nonostante tutto, cerca di accettare la scelta del figlio. Pietro di Bernardone offre una prospettiva unica, quella di un uomo che, pur non comprendendo appieno le scelte di Francesco, inizia a vedere la grandezza di ciò che suo figlio è diventato. Questa introduzione prepara il pubblico a una storia non solo di santità, ma anche di relazioni umane complesse e profonde.

Lo spettacolo

PRIMO ATTO

Scena 1

La vita sfarzosa di Francesco

Ambientazione: *Piazza principale di Assisi. È un giorno di festa, la piazza è animata da mercanti, artigiani e cittadini. Si sentono musiche allegre, risate e conversazioni. Al centro della scena si trova un gruppo di giovani nobili, tra cui Francesco, che si divertono spensierati.*

Personaggi in scena:

- Francesco
- Giovanni (amico di Francesco)
- Bernardo (amico di Francesco)
- Piero (amico di Francesco)
- Mercanti, artigiani, cittadini (comparse)

(La scena si apre con musica festosa e rumori di mercato. Francesco, vestito in modo elegante e ricco, si trova al centro dell'attenzione, circondato dai suoi amici Giovanni, Bernardo e Piero. Stanno ridendo e scherzando)

Giovanni: *(con un sorriso malizioso)* Francesco, ancora una volta hai vinto la gara di cavalieri! Non c'è nessuno in tutta Assisi che possa competere con te!

Bernardo: *(ridendo)* E non solo nelle gare, Giovanni! Francesco è il più elegante, il più generoso... E, diciamolo, anche il più fortunato con le ragazze!

Francesco: *(ridendo e alzando il calice)* Amici miei, smettetela! Sapete che tutto questo è solo un gioco. La vita è fatta per essere vissuta al massimo, non trovate?

Piero: *(con entusiasmo)* Esatto, Francesco! Dopotutto, perché preoccuparsi del domani quando oggi abbiamo tutto ciò che desideriamo?

Francesco: *(con un sorriso pensieroso)* Giusto, Piero. Ma vi siete mai chiesti se c'è qualcosa di più oltre a tutto questo? Qualcosa che non possiamo comprare o conquistare?

Giovanni: *(sorpreso)* Francesco, che discorsi strani fai? Cosa potrebbe esserci di meglio di tutto questo? Siamo giovani, ricchi e amati da tutti!

Francesco: *(con sguardo distante, guardando il cielo)* Non lo so, Giovanni. È solo che... a volte sento come se mancasse qualcosa. Come se ci fosse un vuoto che le feste, le ricchezze e gli onori non riescono a colmare.

Bernardo: *(cercando di alleggerire l'atmosfera)* Forse hai solo bisogno di un altro bicchiere di vino! Questo ti aiuterà a scacciare quei pensieri malinconici!

(Tutti ridono e brindano, ma Francesco sembra distratto, come se fosse perso nei suoi pensieri)

Francesco: *(sottovoce, rivolgendosi a sé stesso)* Ma se tutto questo è il massimo che la vita può offrire, perché sento questo peso nel cuore?

(Intanto, un gruppo di mercanti passa vicino, e uno di loro si ferma per parlare con Francesco)

Mercante: *(con rispetto)* Signor Francesco, vostro padre mi ha detto che siete interessato a un carico di stoffe pregiate che arriveranno dalla Francia. Avremo i migliori tessuti, degni della vostra casa.

Francesco: *(senza entusiasmo)* Sì, mio padre è molto interessato a queste cose... Io... io devo andare.

(Francesco si allontana dal gruppo, dirigendosi verso il lato opposto della piazza, dove vede un povero mendicante seduto a terra, con uno sguardo triste)

Francesco: *(avvicinandosi al mendicante)* Amico, come ti chiami?

Mendicante: *(timido)* Mi chiamo Marco, signore. Sono un povero senza casa, cerco solo un po' di cibo per oggi.

Francesco: *(riflettendo)* Marco... E cosa ti dà gioia, nonostante le tue difficoltà?

Marco: *(sorpreso dalla domanda)* Gioia, signore? Beh, quando qualcuno mi regala un pezzo di pane, o quando vedo i bambini giocare... Penso a come il sole continua a brillare anche per me. È un piccolo miracolo, credo.

(Francesco sorride tristemente e si toglie una borsa di monete dalla cintura, porgendola a Marco)

Francesco: Prendi questo, Marco. Che tu possa trovare un po' di serenità. E non dimenticare che il sole splende per tutti noi.

Marco: *(commosso)* Grazie, signor Francesco! Che Dio vi benedica!

(Francesco si allontana lentamente, mentre il mendicante lo guarda con gratitudine)

Narratore: *(voce fuori scena)* Francesco era il figlio di un ricco mercante, eppure il suo cuore non trovava pace tra i piaceri del mondo. Sentiva che c'era qualcosa di più, qualcosa che non poteva trovare nelle ricchezze o nei divertimenti. Così iniziò a cercare una risposta, una nuova via che lo avrebbe portato a trasformare non solo la sua vita, ma anche quella di tutti coloro che lo avrebbero seguito.

(La scena si chiude con Francesco che si allontana, mentre la piazza continua a essere animata dalla festa. La musica festosa si attenua e lascia spazio a una melodia più dolce e riflessiva)

Scena 2

Il sogno della Crociata

Ambientazione: *La camera di Francesco, di notte. La stanza è semplice ma decorata con oggetti preziosi, segno della ricchezza della famiglia. Una grande finestra lascia entrare la luce della luna. Francesco è a letto, coperto da un lenzuolo di seta. Accanto al letto, una sedia con abiti nobiliari appoggiati e un tavolo con alcuni libri e una candela accesa. La scena si sviluppa tra il sogno e la realtà.*

Personaggi in scena:

- Francesco
- Voce narrante (fuori scena)
- Voce misteriosa (nel sogno)
- Nobili armati (figure nel sogno)

(La scena si apre con Francesco che si rigira nel letto, come se fosse inquieto. La luce della luna illumina la stanza, creando un'atmosfera sospesa tra realtà e sogno)

Narratore: *(voce fuori scena)* Quella notte, Francesco non riusciva a trovare pace. I dubbi e i pensieri che lo tormentavano durante il giorno si trasformavano in ombre nella sua mente. E mentre il sonno finalmente lo avvolgeva, un sogno lo trasportò in un mondo diverso...

(Le luci si abbassano leggermente mentre Francesco chiude gli occhi. Una luce blu e soffusa inizia a riempire la stanza, indicando che Francesco sta entrando nel sogno)

Francesco: *(sussurrando nel sonno)* Dove sono...?

(Il sogno prende forma. Francesco si trova in un grande palazzo, maestoso e splendente. Le pareti sono decorate con arazzi che raffigurano scene di battaglia. Ovunque ci sono armi: spade, scudi, lance. Nobili cavalieri, vestiti con armature scintillanti, appaiono intorno a lui, come fantasmi silenziosi)

Francesco: *(guardandosi intorno, meravigliato)* Questo posto... È così magnifico... Ma cosa significa?

Voce misteriosa: *(profonda e risonante, come un'eco)* Francesco, riconosci questo luogo?

Francesco: *(cercando la fonte della voce)* Chi sei? Mostrati!

Voce misteriosa: Non temere, Francesco. Sono qui per mostrarti il cammino. Questo palazzo è il tuo destino. Qui troverai gloria e onore, al servizio del più grande dei re.

Francesco: *(confuso)* Gloria? Onore? Io... ho sempre desiderato servire il mio re, combattere per la mia patria... Ma perché mi sento ancora così incerto?

(I cavalieri iniziano a muoversi, come se stessero marciando verso una battaglia imminente. Francesco osserva le armi e gli scudi, affascinato ma anche perplesso)

Francesco: *(rivolgendosi ai cavalieri)* Per chi combattete? Chi è il vostro re?

Voce misteriosa: *(con tono solenne)* Combattiamo per il Re dei re, Francesco. Colui che regna non solo sulla terra, ma anche nei cieli.

Francesco: *(in crescendo di emozione)* Un Re così grande... Mi sta chiamando a servirlo? Io, Francesco, sarò al suo fianco, nelle battaglie più gloriose?

(Improvvisamente, una luce ancora più intensa avvolge la scena, come un raggio di sole che filtra dalle nubi. I cavalieri si inchinano davanti a Francesco, che è sopraffatto dall'emozione)

Francesco: *(con fervore)* Sì! Sarò il vostro cavaliere! Marcerò al fianco del Re dei re, e porterò il suo vessillo ovunque mi chiamerà!

Voce misteriosa: *(con tono grave)* Preparati, Francesco. La tua battaglia non sarà come le altre. Le armi che dovrai impugnare non saranno quelle che conosci... Ma il tuo coraggio sarà la tua spada, e la fede il tuo scudo.

Francesco: *(con voce ferma)* Non temo nulla. Seguirò il mio Re ovunque mi guiderà!

(I cavalieri alzano le spade in segno di saluto, mentre la luce diventa sempre più intensa, accecante. Francesco chiude gli occhi, sopraffatto dalla visione)

Narratore: ***(voce fuori scena)*** Francesco era convinto di aver trovato la sua strada. Ma la voce nel sogno aveva parlato in modo misterioso. Quale battaglia lo attendeva veramente? Il destino di Francesco non era quello di un cavaliere terreno, ma di un servo umile, chiamato a combattere per un regno ben diverso.

(La luce si attenua lentamente e la scena ritorna alla camera di Francesco. Lui si sveglia di colpo, sudato e con il respiro affannoso. La candela sul tavolo tremola, creando ombre danzanti sulle pareti)

Francesco: *(sussurrando, mentre cerca di capire il sogno)* Era così reale... Quel palazzo, quei cavalieri... Ma cosa significa davvero? È un segno? O solo un'illusione?

(Si alza lentamente dal letto e si avvicina alla finestra, guardando il cielo stellato)

Francesco: *(con voce piena di dubbi)* Mio Signore, se davvero mi stai chiamando... guidami. Non lasciarmi solo in questo cammino. Mostrami la strada, e io ti seguirò con tutto il cuore.

(Francesco rimane in silenzio, guardando fuori dalla finestra mentre l'oscurità della notte lo avvolge. La scena si chiude lentamente mentre la luce si affievolisce, lasciando Francesco solo con i suoi pensieri e la promessa di un futuro incerto ma carico di significato)

Scena 3

L'incontro con il Crocifisso

di San Damiano

Ambientazione: *Chiesa di San Damiano, poco fuori Assisi. È una piccola chiesa diroccata, con pareti crepate e pavimento polveroso. L'altare è semplice, con un crocifisso in legno scolpito, scolorito dal tempo. La luce è fioca, filtrata da piccole finestre e da alcune candele tremolanti.*

Personaggi in scena:

- Francesco
- Voce narrante (fuori scena)
- Voce di Cristo (dal crocifisso)

(La scena si apre con Francesco che entra nella chiesa di San Damiano. L'aria è pesante, l'atmosfera silenziosa e quasi

sacra. *Francesco è vestito semplicemente, con abiti che riflettono la sua decisione di allontanarsi dal lusso. Si guarda intorno, visibilmente turbato e pensieroso)*

Narratore: ***(voce fuori scena)*** Dopo il sogno, Francesco si sentiva sempre più lontano dal mondo che conosceva. Cercava risposte, ma ogni passo lo portava solo più vicino al silenzio. Un giorno, mentre vagava nei dintorni di Assisi, entrò nella piccola chiesa di San Damiano, un luogo che sembrava dimenticato dal tempo.

Francesco: *(parlando a sé stesso)* Questa chiesa... È così triste e abbandonata. Eppure, c'è qualcosa qui... Qualcosa che mi chiama.

(Si avvicina lentamente all'altare, osservando il crocifisso. La sua espressione si fa più intensa, quasi rapita dalla figura di Cristo in croce)

Francesco: *(in tono sommesso, quasi timoroso)* Mio Signore... Perché mi sento così inquieto? Ho lasciato tutto: la ricchezza, la gloria, persino la mia famiglia... Eppure, sento che non è abbastanza. Cosa vuoi da me?

(Una luce sottile inizia a illuminare il crocifisso, creando un'aura intorno alla figura di Cristo. Francesco si inginocchia, come spinto da una forza invisibile)

Francesco: *(implorante)* Mostrami la via, Signore! Non chiedo altro che sapere cosa devo fare per servirti veramente!

(Silenzio. Francesco rimane inginocchiato, in attesa. Improvvisamente, una voce profonda e dolce risuona nella chiesa, come un eco lontano che sembra provenire direttamente dal crocifisso)

Voce di Cristo: Francesco, va' e ripara la mia casa, che come vedi, è tutta in rovina.

Francesco: *(sorpreso, guardando il crocifisso con occhi spalancati)* Chi... chi ha parlato? È stato il mio cuore, o è stata la tua voce, Signore?

Voce di Cristo: Francesco, va' e ripara la mia casa, che come vedi, è tutta in rovina.

Francesco: *(emozionato, quasi tremante)* Riparare la tua casa... Ma come, Signore? Sono solo un uomo, e questa chiesa è così grande e io così piccolo...

(La luce intorno al crocifisso diventa più intensa, quasi avvolgente. Francesco abbassa lo sguardo, sopraffatto dall'emozione)

Narratore: *(voce fuori scena)* Francesco interpretò quelle parole nel senso più letterale. Decise di riparare la chiesa di San Damiano con le sue stesse mani. Ma il messaggio di Cristo andava oltre le pietre e i mattoni... Era un richiamo a una missione più grande, una missione che avrebbe coinvolto non solo quella piccola chiesa, ma l'intera Chiesa e tutti i suoi fedeli.

Francesco: *(con voce ferma, determinata)* Sì, mio Signore. Io lo farò. Riparerò la tua casa, pietra su pietra. Non mi importa quanto tempo ci vorrà, non mi importa se sarò solo... Sarò il tuo servo, e farò la tua volontà.

(Si alza, guardando il crocifisso con una nuova luce negli occhi, una luce di speranza e risolutezza. Con un ultimo sguardo, esce dalla chiesa con passo deciso)

Narratore *(voce fuori scena)* Francesco non capiva ancora la piena portata di quella chiamata. Ma il suo cuore era finalmente in pace, avendo trovato una missione. Sarebbe tornato a San Damiano ogni giorno, portando pietre, legno e il suo instancabile amore per Dio, fino a ricostruire la chiesa con le sue stesse mani.

(La scena si chiude con l'immagine del crocifisso di San Damiano, ora illuminato da una luce calda e accogliente. Le

candele tremolano leggermente, mentre il suono di passi che si allontanano riecheggia nella chiesa vuota)

Scena 4

Il rifiuto della ricchezza e la rottura con il padre

Ambientazione: *Piazza di Assisi, davanti al palazzo del Vescovo. È un luogo solenne, con un'ampia scalinata che conduce all'ingresso del palazzo. La piazza è affollata di cittadini curiosi, alcuni dei quali mormorano tra loro, mentre altri osservano in silenzio. Sul lato della scena, Pietro Bernardone, il padre di Francesco, è visibilmente adirato e frustrato. Accanto a lui, alcuni mercanti e amici di famiglia. Al centro della scena c'è Francesco, in piedi, con abiti semplici e un'espressione determinata. Il Vescovo di Assisi è sulla scalinata, osservando la scena con aria seria ma comprensiva.*

Personaggi in scena:

- Francesco

- Pietro Bernardone (padre di Francesco)
- Vescovo di Assisi
- Cittadini di Assisi (comparse)
- Mercanti e amici di famiglia (comparse)

(La scena si apre con un gruppo di cittadini radunati nella piazza. C'è un mormorio di curiosità e preoccupazione mentre tutti osservano Pietro Bernardone, che sta discutendo animatamente con alcuni mercanti. Francesco, con abiti modesti, è fermo al centro della piazza, lo sguardo rivolto verso il Vescovo, che lo osserva dall'alto della scalinata)

Pietro Bernardone: *(furioso, indicando Francesco)* Guardatelo! Mio figlio, che un tempo era l'orgoglio della nostra famiglia, ora si veste come un mendicante e si rifiuta di seguire la nostra tradizione! Ha buttato via la nostra ricchezza, disonorando il nome dei Bernardone!

Cittadino 1: *(sussurrando a un altro cittadino)* È vero che ha venduto tutto per riparare quella vecchia chiesa?

Cittadino 2: Così si dice... Ha persino rifiutato di continuare il commercio di stoffe della famiglia. Una follia!

Vescovo di Assisi: *(alzando la mano per richiamare l'attenzione)* Silenzio, silenzio! Lasciate che Francesco parli. Francesco, figlio mio, cosa hai da dire davanti a Dio e a questo popolo?

Francesco: *(con calma, ma con voce ferma)* Mio Signore Vescovo, cittadini di Assisi... Oggi voglio dichiarare a tutti voi che non ho più un padre terreno. Da oggi in poi, il mio unico padre è il Padre celeste, il Dio Onnipotente.

Pietro Bernardone: *(con incredulità, avvicinandosi a Francesco)* Cosa stai dicendo? Francesco, io ti ho dato tutto! L'educazione, la ricchezza, la possibilità di un futuro glorioso! E tu... tu mi volti le spalle così?

Francesco: *(guardandolo con compassione)* Padre, ti sono grato per tutto quello che hai fatto per me. Ma il mio cuore ha trovato una chiamata più alta. Non posso più vivere per accumulare ricchezze terrene, quando so che il mio spirito è chiamato a servire un bene più grande.

Pietro Bernardone: *(amareggiato)* Un bene più grande? E le tue responsabilità verso la tua famiglia? Hai venduto le mie stoffe, il frutto del mio lavoro, senza il mio permesso! Hai distrutto tutto ciò che ho costruito!

Francesco: *(con dignità)* Non voglio niente, padre. Non desidero né oro, né argento, né abiti ricchi. Se questo è ciò che ti ferisce, allora ti restituisco tutto ciò che è tuo.

(Francesco inizia a togliersi gli abiti, lasciandoli cadere a terra, rimanendo solo con una semplice tunica. La folla osserva in silenzio, scioccata e commossa dalla scena)

Francesco: *(alzando gli occhi al cielo)* Oggi mi spoglio di tutto ciò che appartiene al mondo.

Da questo momento in poi, vivrò solo per Dio e per servire i miei fratelli e sorelle più poveri.

Vescovo di Assisi: *(commosso, scendendo la scalinata per avvicinarsi a Francesco)* Francesco, il tuo gesto è un segno di grande coraggio e fede. Se è questa la tua volontà, io non posso che benedirti. Ma sappi che il cammino che scegli sarà difficile e pieno di sacrifici.

Francesco: *(con serenità)* Sono pronto a tutto, mio Signore. L'amore di Dio è la mia unica ricchezza.

Pietro Bernardone: *(sconvolto, facendo un passo indietro)* Non capisci, Francesco! Non capisci cosa stai facendo! Stai gettando via la tua vita!

Francesco: *(rivolgendosi a Pietro con amore)* Padre, non getto via la mia vita. La sto donando a Dio, l'unico che può dare un senso alla mia esistenza. Prego perché un giorno tu possa comprendere il motivo di questa mia scelta.

(Il Vescovo prende un mantello semplice e lo pone sulle spalle di Francesco, come segno di accoglienza nella Chiesa e di protezione spirituale. La folla osserva in silenzio, alcuni commossi, altri ancora increduli)

Vescovo di Assisi: Francesco, con questo gesto, ti riconosco come un servo di Dio. Che il Signore ti guidi nel tuo cammino e ti dia la forza di affrontare tutte le prove che verranno.

Francesco: *(con un sorriso radioso)* Grazie. Con l'aiuto di Dio, porterò avanti la mia missione, qualunque essa sia.

Cittadino 3: *(a bassa voce, tra sé e sé)* Che uomo straordinario... Ha rinunciato a tutto per seguire la sua fede. Non so se riuscirei a fare lo stesso.

Cittadino 4: *(annuisce)* Questo è vero coraggio. Non posso fare a meno di ammirarlo.

(Pietro Bernardone, visibilmente sconvolto, si allontana dalla scena, incapace di accettare la decisione di suo figlio. La folla si disperde lentamente, alcuni ancora mormorando, altri in silenzio contemplativo. Francesco rimane fermo al centro

della piazza, con il mantello semplice sulle spalle, guardando l'orizzonte con uno sguardo sereno e determinato)

Narratore: *(voce fuori scena)* Con quel gesto, Francesco ruppe definitivamente con il suo passato. Non sarebbe più stato il figlio del ricco mercante, ma un povero servo di Dio. Da quel giorno, la sua vita sarebbe stata dedicata alla cura dei poveri, alla predicazione dell'amore e alla costruzione di una comunità basata sulla povertà e sulla fede. Ma questo era solo l'inizio del cammino che lo avrebbe reso uno dei più grandi santi della storia.

(La scena si chiude con Francesco che si allontana dalla piazza, con il Vescovo che lo guarda mentre si incammina

verso il suo nuovo destino. Le luci si abbassano lentamente, lasciando la piazza deserta e silenziosa)

SECONDO ATTO

Scena 1

La fondazione dell'Ordine dei Frati Minori

Ambientazione: *Bosco vicino ad Assisi, un luogo tranquillo e isolato. È primavera, e il bosco è rigoglioso, pieno di vita. Uccelli cantano tra gli alberi, e un ruscello scorre dolcemente sullo sfondo. Un piccolo gruppo di uomini semplici, vestiti con tuniche povere, è radunato intorno a Francesco, che è seduto su un tronco d'albero. L'atmosfera è serena, ma carica di aspettative e speranza.*

Personaggi in scena:

- Francesco

- Bernardo di Quintavalle (il primo seguace di Francesco)
- Pietro Cattani (altro discepolo)
- Egidio (discepolo)
- Angelo (discepolo)
- Silvestro (discepolo)
- Voce narrante (fuori scena)
- Cittadini di Assisi (comparse, non parlano)

(La scena si apre con Francesco seduto su un tronco d'albero, circondato da un gruppo di uomini che lo osservano con ammirazione e attesa. La luce del sole filtra tra le foglie degli alberi, creando un'atmosfera di pace e sacralità. Il suono del ruscello e il canto degli uccelli accompagnano l'inizio della scena)

Narratore: *(voce fuori scena)* Dopo aver rinunciato a tutto, Francesco iniziò a vivere una vita di povertà e servizio. La sua dedizione e il suo amore per Dio attrassero altri uomini, desiderosi di seguire il suo esempio. In quel bosco vicino ad Assisi, nacque qualcosa di straordinario: l'Ordine dei Frati Minori.

Francesco: *(con voce calma e piena di dolcezza)* Fratelli miei, oggi siamo qui non per cercare gloria o ricchezze, ma per servire il Signore nella povertà, nell'umiltà e nell'amore. Siamo pochi, ma insieme possiamo fare grandi cose, se restiamo fedeli alla nostra missione.

Bernardo di Quintavalle: *(con passione)* Francesco, ho venduto tutto ciò che possedevo per seguire te e il Signore. Non desidero altro che vivere come tu vivi, servendo i poveri e portando pace a chiunque incontriamo.

Francesco: *(con un sorriso)* Bernardo, il tuo cuore è puro, e la tua dedizione è un dono prezioso. Ma ricorda, la nostra forza non risiede nelle cose materiali, ma nell'amore che condividiamo e nel messaggio di pace che portiamo.

Pietro Cattani: *(riflessivo)* Ma, Francesco, come possiamo vivere questa vita di povertà e servire gli altri se non abbiamo nulla? Non temiamo che la fame o la malattia possano indebolirci?

Francesco: *(con fermezza)* Pietro, la nostra fede è il nostro nutrimento. Il Signore non ci abbandonerà mai. E se la fame o la malattia arriveranno, le accoglieremo come sorelle, parte del nostro cammino. Ma ricorda, il Signore provvederà sempre a noi, in modi che non possiamo immaginare.

Egidio: *(con entusiasmo)* Francesco, sono pronto a rinunciare a tutto, a vagare per il mondo come un pellegrino, portando l'amore di Dio in ogni angolo. Dove andremo? Qual è la nostra prossima missione?

Francesco: *(alzandosi in piedi, ispirato)* Egidio, fratelli miei, andremo dove il Signore ci guiderà. Non abbiamo bisogno di mappe o di piani elaborati. Il nostro cammino sarà tracciato dalla Provvidenza divina. Oggi, iniziamo a predicare la pace e l'amore di Dio qui, tra la nostra gente, e domani... chi può dire dove ci porterà il nostro viaggio?

Angelo: *(sereno, con una profonda convinzione)* Francesco, sento che questa vita è la mia vera vocazione. Non desidero altro che camminare al tuo fianco, condividere la povertà e la gioia di servire Dio.

Francesco: *(abbracciando Angelo)* Angelo, il tuo spirito è forte e il tuo cuore è pieno di amore. Insieme, faremo risplendere la luce di Cristo in questo mondo oscuro. Ma ricordate, fratelli, non siamo qui per giudicare o condannare, ma per amare e servire tutti, senza distinzione.

Silvestro: *(riflettendo ad alta voce)* Francesco, il nostro ordine sarà diverso da qualsiasi altro. Non avremo chiese o monasteri, né ricchezze o potere. Come faremo a sopravvivere in un mondo che si basa su queste cose?

Francesco: *(con occhi scintillanti di fede)* Silvestro, la nostra chiesa sarà il mondo intero, e il nostro monastero sarà il cuore di ogni uomo e donna che incontreremo. La nostra ricchezza sarà l'amore di Dio, e il nostro potere sarà la forza della nostra fede. Non abbiamo bisogno di altro.

Narratore: ***(voce fuori scena)*** E così, in quel giorno, Francesco e i suoi primi seguaci presero i voti di povertà, castità e obbedienza, dando vita a un movimento che avrebbe trasformato la Chiesa e il mondo intero. Essi erano pochi, ma il loro spirito era invincibile, alimentato dall'amore per Dio e per l'umanità.

Francesco: *(alzando le mani al cielo, in preghiera)* Signore, ti prego di benedire questi tuoi servi, che hanno scelto di seguire il cammino della povertà e dell'umiltà. Fa' che il nostro ordine cresca non in ricchezze, ma in santità e amore. E che ogni nostro passo sia un passo verso di te.

Tutti i Frati: *(in coro)* Amen!

(I frati si stringono intorno a Francesco, formando un cerchio. Le loro mani si incontrano al centro, simbolo di unità e fratellanza. Il suono del ruscello e il canto degli uccelli continuano, sottolineando l'armonia tra gli uomini e la natura)

Bernardo di Quintavalle: *(guardando i suoi fratelli)* Da oggi, saremo chiamati Frati Minori, per ricordare che siamo i più piccoli e i più umili tra gli uomini, al servizio di tutti.

Francesco: *(con un sorriso radioso)* Sì, fratelli miei. E che il nostro esempio possa toccare i cuori di molti altri, affinché si uniscano a noi in questo cammino di fede e amore.

Narratore: ***(voce fuori scena)*** Con quelle parole, nacque l'Ordine dei Frati Minori. Un ordine basato sulla povertà, sulla semplicità e sull'amore per il prossimo. Un ordine che avrebbe portato luce e speranza in un mondo pieno di tenebre.

(La scena si chiude con i frati che si allontanano nel bosco, fianco a fianco, pronti a portare il messaggio di Francesco in ogni angolo del mondo. Le luci si abbassano lentamente, lasciando il suono del ruscello e degli uccelli come eco del loro passaggio)

Scena 2

L'incontro con Santa Chiara e la nascita delle Povere Dame

Ambientazione: *Interno della Chiesa di San Damiano, appena restaurata da Francesco e i suoi seguaci. La chiesa è semplice, con pareti di pietra e poche decorazioni. Un piccolo altare si trova al centro, illuminato da candele. Da una delle finestre entra la luce del tramonto, che crea un'atmosfera serena e solenne. Santa Chiara, ancora giovane, è inginocchiata in preghiera davanti all'altare, mentre Francesco e alcuni dei suoi fratelli entrano silenziosamente.*

Personaggi in scena:

- Francesco
- Chiara
- Bernardo di Quintavalle

- Pietro Cattani
- Angelo
- Egidio
- Narratore (voce fuori scena)

(La scena si apre con Chiara inginocchiata in preghiera davanti all'altare della Chiesa di San Damiano. La luce calda del tramonto illumina il suo volto, rivelando un'espressione di profonda devozione. Francesco e alcuni dei suoi fratelli entrano in silenzio, osservando Chiara con rispetto. La chiesa è avvolta da un silenzio sacro, rotto solo dal tenue crepitio delle candele)

Narratore: *(voce fuori scena)* Mentre Francesco e i suoi fratelli continuavano a diffondere il messaggio di pace e povertà, il loro esempio iniziò a toccare i cuori di molti, tra cui quello di una giovane nobile di Assisi, Chiara di Favarone.

La sua devozione e il suo desiderio di seguire il cammino di Francesco cambiarono il corso della sua vita e diedero inizio a una nuova comunità di fede.

Francesco: *(avvicinandosi a Chiara con delicatezza)* Chiara, sorella mia, vedo in te un fuoco sacro, un desiderio profondo di servire il Signore. Cosa ti porta qui, in questa umile chiesa?

Chiara: *(alzando lo sguardo verso Francesco, con determinazione)* Francesco, ho sentito parlare della tua vita, della tua povertà volontaria e del tuo amore per Dio. Da tempo sento nel cuore la chiamata a seguire lo stesso cammino, a rinunciare alle ricchezze del mondo per abbracciare la povertà e la purezza. Desidero consacrare la mia vita a Cristo, come tu hai fatto.

Francesco: *(con un sorriso di approvazione)* Chiara, il Signore ti ha chiamata, e la tua risposta è un dono prezioso. Ma sappi che la strada che scegli è difficile. Rinunciare a tutto ciò che conosci, compresa la tua famiglia, non sarà facile. Sei davvero pronta a fare questo sacrificio?

Chiara: *(con fermezza)* Francesco, ho già deciso nel mio cuore. Non c'è nulla al mondo che possa distogliermi dal mio desiderio di servire Dio. Voglio essere parte della vostra missione, vivere nella povertà e nell'umiltà, e portare la luce di Cristo a chi ne ha più bisogno.

Bernardo di Quintavalle: *(con ammirazione)* Francesco, lo spirito di Chiara è forte e puro. Non ho mai visto una tale determinazione in qualcuno così giovane.

Pietro Cattani: *(pensieroso)* Ma come potrà Chiara vivere la nostra vita di povertà? Una giovane donna nobile, abituata al comfort e alla sicurezza della sua famiglia...

Francesco: *(riflettendo)* Chiara, capisco il tuo desiderio, ma la vita che conduciamo è piena di sfide. Tuttavia, se il Signore ti ha chiamata, troveremo un modo. Tu non devi vivere esattamente come noi, ma puoi creare un nuovo cammino, una nuova comunità dedicata alla povertà e alla preghiera.

Chiara: *(con entusiasmo)* Francesco, se questa è la volontà di Dio, allora sono pronta. Lascerò la mia casa, la mia famiglia e tutto ciò che possiedo per iniziare questa nuova vita. E se è il volere del Signore, guiderò altre donne sulla stessa strada.

Angelo: *(con uno sguardo ispirato)* Francesco, forse il Signore vuole che nasca un nuovo ordine, uno dedicato alle donne che, come Chiara, desiderano vivere nella povertà e nella devozione.

Francesco: *(annuisce lentamente)* Angelo, hai ragione. Chiara, il tuo cammino sarà diverso dal nostro, ma altrettanto santo. Qui, in questa chiesa, potrai fondare una comunità di donne dedicate a Dio. Voi sarete le "Povere Dame", un faro di luce e fede in un mondo che ha perso la strada.

Chiara: *(profondamente commossa)* Le Povere Dame... Sì, Francesco, sarà un onore servire Dio in questo modo. E pregheremo per voi, i Frati Minori, affinché il Signore vi protegga e vi guidi sempre.

Francesco: *(ponendo una mano sulla testa di Chiara, in segno di benedizione)* Chiara, sorella mia, che il Signore ti benedica e ti dia la forza per affrontare tutte le prove che verranno. Tu sarai l'inizio di una nuova comunità, e molte donne seguiranno il tuo esempio.

Narratore: *(voce fuori scena)* E così, sotto la guida di Francesco, Chiara rinunciò a tutto per abbracciare la povertà e la vita consacrata. Nacque così l'Ordine delle Povere Dame, conosciute poi come Clarisse, una comunità di donne che, come Francesco, scelsero di vivere nella povertà e nella preghiera, dedicando la loro vita a Dio.

Pietro Cattani: *(guardando Chiara con rispetto)* Chiara, il tuo coraggio è un esempio per tutti noi. La tua fede è profonda e sincera. Sono sicuro che molte altre donne troveranno ispirazione nel tuo esempio.

Chiara: *(con umiltà)* Non cerco gloria o riconoscimenti, solo la possibilità di servire il Signore nel modo più puro possibile. E se il mio esempio può avvicinare altre anime a Dio, allora sarò grata.

Bernardo di Quintavalle: *(con un sorriso)* Francesco, il Signore ti ha dato una nuova sorella nella fede. Insieme, costruiremo un mondo più giusto e pieno d'amore.

Francesco: *(con occhi brillanti di commozione)* Sì, fratelli miei. Insieme, con Chiara e le sue sorelle, faremo risplendere la luce di

Dio ancora più intensamente. Ognuno di noi ha un ruolo da giocare nel grande disegno divino, e Chiara è una parte essenziale di questo disegno.

Chiara: *(rivolta verso l'altare)* Signore, ti offro la mia vita, la mia volontà, tutto ciò che sono. Guidami e usami come strumento della tua pace. Fai di me ciò che vuoi, affinché io possa servire te e i miei fratelli e sorelle con cuore puro e devoto.

Narratore: ***(voce fuori scena)*** Con questa preghiera, Chiara consacrò la sua vita a Dio, segnando l'inizio di un nuovo cammino spirituale che avrebbe portato speranza e luce a molti. La sua forza e la sua fede ispirarono non solo le donne della sua epoca, ma anche quelle delle generazioni future, che seguirono il suo esempio di povertà, purezza e devozione.

(La scena si chiude con Chiara che rimane in preghiera davanti all'altare, mentre Francesco e i suoi fratelli escono silenziosamente dalla chiesa. La luce del tramonto continua a filtrare attraverso la finestra, illuminando Chiara come un segno della grazia divina che la circonda. Le luci si abbassano lentamente, lasciando la chiesa avvolta in un silenzio sacro)

Scena 3

La Predica agli Uccelli

Ambientazione: *Una radura nel bosco, non lontano da Assisi. La radura è immersa nella natura, con alberi maestosi che circondano la scena e un cielo azzurro limpido sopra di loro. Al centro, c'è una grande pietra piatta, su cui Francesco si appoggia mentre predica. Intorno a lui, un gruppo di uccelli di diverse specie si è radunato, apparentemente attratti dalla sua presenza. Alcuni sono posati sui rami, altri volano sopra di lui, e altri ancora si sono posati sulla pietra stessa. Francesco è accompagnato da alcuni dei suoi frati.*

Personaggi in scena:

- Francesco
- Bernardo di Quintavalle
- Pietro Cattani

- Egidio
- Angelo
- Narratore (voce fuori scena)

(La scena si apre con Francesco che cammina lentamente nella radura, seguito dai suoi fedeli frati. Il bosco è animato dai canti degli uccelli, che sembrano rispondere alla presenza di Francesco. Egli si ferma davanti a una grande pietra, osservando con occhi pieni di meraviglia gli uccelli che si sono radunati intorno a lui)

Narratore: *(voce fuori scena)* Francesco, in ogni cosa creata, vedeva la mano amorevole di Dio. Per lui, gli animali, gli uccelli, ogni creatura vivente, erano fratelli e sorelle, parte di un'unica, grande famiglia. Un giorno, mentre attraversava una radura, si fermò per parlare con alcuni dei suoi più piccoli fratelli: gli uccelli.

Francesco: *(con tono dolce e affettuoso)* Fratelli uccelli, quanto siete fortunati! Voi non seminate, non mietete, non avete bisogno di granai, eppure Dio vi nutre e vi protegge. Voi, che volate liberi nel cielo, ci mostrate quanto grande sia l'amore del Creatore per tutte le sue creature.

Egidio: *(osservando gli uccelli con meraviglia)* Francesco, guarda come ti ascoltano! Sembrano capire ogni parola che dici.

Francesco: *(sorridendo)* Fratelli miei, gli uccelli conoscono la voce di Dio, perché vivono in armonia con la sua creazione. Essi cantano le sue lodi ogni giorno, senza mai preoccuparsi del domani, perché hanno fiducia nella sua provvidenza.

Pietro Cattani: *(con un sorriso)* Francesco, hai sempre detto che ogni creatura è un dono di Dio, ma mai avrei immaginato che anche gli uccelli potessero essere così attenti alla tua predicazione.

Francesco: *(rivolgendosi agli uccelli con amore)* Cari fratelli uccelli, voi dovete essere grati a Dio, che vi ha donato la libertà del cielo e la bellezza del canto. Non dimenticate mai di lodarlo per tutto ciò che avete ricevuto. Ogni vostro cinguettio, ogni vostro volo, sia un inno di ringraziamento.

Bernardo di Quintavalle: *(riflettendo ad alta voce)* Francesco, la tua semplicità e la tua fede rendono ogni cosa sacra. Anche questi piccoli uccelli, che spesso ignoriamo, diventano segni della bontà di Dio.

Francesco: *(con voce serena)* Sì, Bernardo. Tutto ciò che è stato creato è sacro agli occhi di Dio. Gli uccelli, gli animali, le piante, persino le pietre... tutto è un riflesso del suo amore infinito. E noi, come esseri umani, dobbiamo prenderci cura di loro, come faremmo con i nostri fratelli e sorelle.

Angelo: *(con ammirazione)* Francesco, vedo nei tuoi occhi una gioia che va oltre ogni comprensione. Come riesci a vedere

Dio in ogni cosa, anche la più piccola e insignificante?

Francesco: *(con umiltà)* Angelo, non è una mia capacità, ma un dono che Dio ha concesso a tutti noi. Dobbiamo solo aprire il cuore e gli occhi per vedere la sua mano in ogni cosa. Quando amiamo senza riserve, quando rispettiamo ogni creatura, allora possiamo sentire la voce di Dio in ogni battito d'ali, in ogni soffio di vento.

Narratore: ***(voce fuori scena)*** Mentre Francesco parlava, gli uccelli si avvicinavano sempre di più, come se volessero abbracciare con le loro ali le parole del Santo. Era un momento di profonda connessione tra uomo e natura, un segno della perfetta armonia che Dio desiderava per la sua creazione.

Francesco: *(alzando lo sguardo al cielo, in preghiera)* Signore, ti ringrazio per questi fratelli uccelli, che ci insegnano a fidarci di te senza esitazione. Fa' che noi, come loro, possiamo vivere in pace e armonia, lodando sempre il tuo nome.

Egidio: *(guardando il cielo)* Francesco, è come se gli uccelli rispondessero alla tua preghiera. Ascoltali, cantano ancora più forte!

Francesco: *(con gioia)* Sì, fratello Egidio. Questo è il loro modo di pregare, di ringraziare Dio per il dono della vita. E noi dovremmo fare lo stesso, ogni giorno, in ogni momento.

Pietro Cattani: *(pensieroso)* Francesco, se tutti potessero vedere il mondo come lo vedi tu, forse ci sarebbero meno guerre, meno odio. Se solo imparassimo a rispettare ogni creatura come fai tu...

Francesco: *(con speranza)* Pietro, questo è il mio desiderio più grande. Che ogni uomo e ogni donna impari a vedere Dio in ogni cosa, e a vivere in pace con tutta la creazione. Dobbiamo essere strumenti della sua pace, portando amore e comprensione ovunque andiamo.

Narratore: ***(voce fuori scena)*** La predica agli uccelli di Francesco non era solo un momento di contemplazione della natura, ma un potente messaggio di pace e armonia. Francesco insegnava che tutto nel creato è interconnesso, e che solo vivendo in armonia con la natura e tra di noi, possiamo trovare la vera pace.

Francesco: *(rivolgendosi nuovamente agli uccelli)* E ora, fratelli miei, volate liberi nel cielo e continuate a lodare il Signore. Siate sempre gioiosi, perché la vostra gioia è la più pura delle preghiere.

(Gli uccelli, come se avessero capito le parole di Francesco, iniziano a volare in cerchio sopra di lui, creando un momento di grande bellezza e serenità. Francesco li osserva con un sorriso di profonda soddisfazione, mentre i frati, ispirati, si uniscono in silenziosa preghiera)

Bernardo di Quintavalle: *(sussurrando)* Francesco, la tua semplicità e la tua fede trasformano ogni luogo in un piccolo paradiso.

Francesco: *(con umiltà)* Non sono io, fratello, ma l'amore di Dio che trasforma tutto ciò che tocca. E noi siamo chiamati a essere i suoi strumenti, a portare questa trasformazione ovunque andiamo.

Angelo: *(con uno sguardo di gratitudine)* Francesco, grazie per averci mostrato come anche la più piccola delle creature può insegnarci qualcosa di grande. Impariamo dagli uccelli a fidarci di Dio e a vivere con cuore leggero.

Francesco: *(con un sorriso)* Esatto, Angelo. La vita è un dono meraviglioso, e ogni creatura ha un ruolo da giocare in questo grande disegno. Impariamo a vedere con gli occhi della fede, e tutto ci apparirà nuovo e pieno di meraviglia.

Narratore: *(voce fuori scena)* E così, con il cuore pieno di gioia e gratitudine, Francesco e i suoi frati continuarono il loro cammino, portando con sé il ricordo di quel momento di perfetta armonia tra l'uomo e la natura. Un momento che avrebbe ispirato generazioni a venire, ricordando a tutti noi l'importanza di rispettare e amare ogni creatura.

(La scena si chiude con Francesco e i suoi frati che si allontanano lentamente nella radura, mentre gli uccelli continuano a volare sopra di loro, cantando le loro lodi a Dio. Le luci si abbassano gradualmente, lasciando la radura immersa in un'atmosfera di pace e serenità)

Scena 4

L'incontro con il sultano

Ambientazione: *Una tenda riccamente decorata, situata nel cuore dell'accampamento del Sultano Al-Malik al-Kamil, in Egitto. All'interno della tenda ci sono tappeti pregiati, cuscini colorati, e un tavolo basso ornato con vasellame d'oro. Alle pareti sono appesi drappi e arazzi raffiguranti scene di battaglie e paesaggi orientali. Il Sultano siede su un trono di legno intarsiato, circondato dai suoi consiglieri e guardie personali. All'ingresso della tenda si trova Francesco, accompagnato dal frate Illuminato, entrambi vestiti con semplici tuniche, segnate dalla polvere del viaggio.*

Personaggi in scena:

- Francesco
- Frate Illuminato

- Sultano Al-Malik al-Kamil
- Consigliere del Sultano
- Guardie del Sultano
- Narratore (voce fuori scena)

(La scena si apre con il Sultano seduto sul suo trono, circondato dai suoi consiglieri e guardie. L'atmosfera è tesa ma curiosa, mentre il Sultano aspetta di incontrare l'uomo di cui ha sentito parlare: Francesco d'Assisi. Francesco e Frate Illuminato entrano nella tenda, camminando con calma e dignità)

Narratore: *(voce fuori scena)* In un tempo di crociate, quando la guerra e l'odio dominavano i cuori degli uomini, Francesco d'Assisi compì un gesto audace e coraggioso. Spinto dall'amore per Dio e per tutti i suoi fratelli, decise di attraversare il campo di battaglia per incontrare il Sultano d'Egitto, Al-Malik al-Kamil, nella speranza di portare un messaggio di pace.

Francesco: *(inchinandosi rispettosamente davanti al Sultano)* Sultano Al-Malik al-Kamil, io sono Francesco di Assisi, un umile servo di Dio. Vengo a te non con armi, ma con parole di pace e amore.

Sultano Al-Malik al-Kamil: *(con sguardo indagatore)* Francesco d'Assisi, hai attraversato terre pericolose per arrivare qui. Molti hanno cercato di convincermi con la forza delle armi, ma tu vieni con nulla se non la tua fede. Dimmi, cosa speri di ottenere con questa audacia?

Francesco: *(con calma)* Non cerco potere né ricchezze. Vengo a te solo con il desiderio di parlare di pace, di trovare un modo per fermare la violenza che consuma le nostre terre. Credo che Dio ci abbia creati tutti come fratelli e sorelle, e che solo attraverso la comprensione e il dialogo possiamo trovare la vera pace.

Consigliere del Sultano: *(intervenendo con scetticismo)* Parli di pace, cristiano, ma i tuoi fratelli di fede portano guerra. Come possiamo fidarci delle tue parole?

Frate Illuminato: *(con tono pacato)* Non tutti tra i cristiani desiderano la guerra. Francesco ha scelto la via dell'umiltà e della nonviolenza. La sua presenza qui è una testimonianza del fatto che esiste un'altra via, una via che porta alla riconciliazione.

Sultano Al-Malik al-Kamil: *(riflettendo)* Francesco, sei un uomo sorprendente. Parli con una convinzione che raramente ho visto nei tuoi compatrioti. Ma dimmi, cosa ti fa credere che la pace sia possibile tra di noi, quando così tanto sangue è già stato versato?

Francesco: *(con passione)* Sultano, credo che la pace sia sempre possibile, perché è il desiderio più profondo del cuore umano. Dio ci ha creati per vivere in armonia, non in conflitto. Anche se le nostre fedi sono diverse, il Dio che adoriamo è uno solo, e in lui possiamo trovare il cammino verso la pace.

Sultano Al-Malik al-Kamil: *(con interesse crescente)* E cosa proponi, Francesco? Come possiamo, tu ed io, fermare una guerra che sembra inevitabile?

Francesco: *(con semplicità)* Sultano, inizia con un gesto di misericordia. Mostra al mondo che sei un leader non solo forte, ma anche giusto e compassionevole. Permetti che i prigionieri siano trattati con dignità, apri la porta al dialogo, e io prometto che farò tutto il possibile per portare questo messaggio ai miei fratelli.

Consigliere del Sultano: *(scettico)* Le tue parole sono nobili, ma potrebbero essere interpretate come segno di debolezza. In guerra, la compassione può essere vista come un'opportunità per il nemico di sfruttarci.

Francesco: *(risoluto)* La vera forza risiede nel cuore che sa perdonare, nel leader che sa quando mettere da parte la spada e tendere la mano. La pace non è segno di debolezza, ma di grandezza d'animo.

Sultano Al-Malik al-Kamil: *(sorridendo)* Francesco, la tua fede è straordinaria. Ammiro il coraggio che ti ha portato qui. Sebbene la realtà della guerra sia complessa, le tue parole toccano qualcosa di profondo in me. Forse, anche in mezzo alla guerra, possiamo trovare un modo per rispettarci l'un l'altro.

Frate Illuminato: *(con speranza)* È tutto ciò che chiediamo, Sultano. Un'opportunità di dimostrare che la pace è possibile, che le differenze possono essere superate con il dialogo e la comprensione reciproca.

Narratore: *(voce fuori scena)* Il Sultano Al-Malik al-Kamil, colpito dalla sincerità e dalla fede di Francesco, cominciò a considerare una via diversa dalla guerra. Francesco, con il solo potere delle sue parole, riuscì a piantare un seme di speranza nel cuore del Sultano, un seme che, nonostante le difficoltà del tempo, avrebbe continuato a germogliare.

Sultano Al-Malik al-Kamil: *(con un tono di rispetto)* Francesco, sei il benvenuto nel mio regno. Ascolterò ciò che hai da dire e rifletterò sulle tue parole. Forse, la tua presenza qui può essere il primo passo verso una pace duratura.

Francesco: *(inchinandosi profondamente)* Sultano, ti ringrazio per la tua saggezza e apertura di cuore. Pregherò affinché Dio ci guidi tutti verso la pace e la comprensione.

Consigliere del Sultano: *(con meno scetticismo)* Forse, in questo incontro, possiamo trovare un barlume di speranza per il futuro.

Sultano Al-Malik al-Kamil: *(con un sorriso)* Speranza, sì. E forse, Francesco, potremmo imparare qualcosa l'uno dall'altro, al di là delle nostre differenze.

Francesco: *(con serenità)* È tutto ciò che desidero, Sultano. Che insieme possiamo costruire un ponte di pace, fondato sul rispetto e sull'amore per il prossimo.

Narratore: ***(voce fuori scena)*** E così, l'incontro tra Francesco e il Sultano si concluse in un'atmosfera di rispetto e mutua comprensione. Sebbene la pace non fosse immediata, quel giorno segnò l'inizio di un nuovo modo di vedere l'altro, non più come nemico, ma come fratello in umanità.

(La scena si chiude con Francesco e Frate Illuminato che escono dalla tenda, mentre il Sultano rimane pensieroso, guardando un punto lontano nell'orizzonte, riflettendo sulle parole appena udite. Le luci si abbassano gradualmente, lasciando la scena in un'atmosfera di speranza e riflessione)

TERZO ATTO

Scena 1

Il Natale a Greccio

Ambientazione: *Un villaggio montano nei pressi di Greccio, durante la notte di Natale. La scena si svolge all'interno di una grotta semplice, trasformata in una cappella rustica per la celebrazione del Natale. La grotta è illuminata da torce e candele che emanano una luce calda e tremolante. Al centro della scena c'è un presepe vivente, con una mangiatoia di legno, paglia, e animali veri come un asino e un bue. Attorno alla mangiatoia si trovano contadini del villaggio, frati, e alcune persone semplici del popolo, vestite in abiti modesti. San Francesco è al centro della scena, radioso, pronto a condurre la celebrazione.*

Personaggi in scena:

- Francesco
- Frate Leone
- Frate Giovanni
- Frate Angelo
- Contadini del villaggio (Uomo 1, Donna 1, Bambino)
- Narratore (voce fuori scena)

(La scena si apre con il suono di campane lontane e il mormorio di una folla di contadini e frati che si radunano attorno alla grotta. L'atmosfera è di grande attesa e gioia. Francesco, visibilmente commosso, osserva la scena con gli occhi colmi di luce)

Narratore: *(voce fuori scena)* Era la notte di Natale dell'anno 1223, quando Francesco d'Assisi, desideroso di far rivivere la nascita di Cristo in un modo unico, chiese al suo amico Giovanni

Velita di preparare un presepe vivente. Questo momento, destinato a diventare uno dei più amati nella storia del cristianesimo, avrebbe mostrato al mondo la semplicità e la bellezza della nascita del Salvatore.

Francesco: *(con voce vibrante di emozione)* Fratelli miei, stanotte celebriamo il più grande miracolo: Dio che si fa uomo, nascendo tra noi, in una stalla, tra gli umili e i poveri. Questo presepe non è solo una rappresentazione, ma un richiamo alla semplicità, all'umiltà, all'amore che il nostro Signore ha per ciascuno di noi.

Frate Leone: *(osservando il presepe con reverenza)* Francesco, la tua idea di ricreare la scena della Natività è una benedizione. Guarda come tutti sono rapiti dalla bellezza e dalla sacralità di questo momento.

Frate Giovanni: *(sorridendo)* Mai avrei immaginato di vedere una mangiatoia così umile trasformata in un altare per il Figlio di Dio. Qui, in questa grotta, sento davvero la presenza di Cristo tra noi.

Francesco: *(rivolto alla folla)* Amici miei, ricordate che Dio è venuto a noi nella povertà, non nel lusso, non nel potere. Egli ha scelto di nascere tra i più semplici, in una stalla, per mostrarci che il vero tesoro si trova nel cuore che ama. Questo presepe ci ricorda che non dobbiamo cercare la gloria terrena, ma quella eterna.

Uomo 1: *(con tono di meraviglia)* Francesco, hai portato il cielo sulla terra. Guardando questo presepe, mi sento più vicino a Dio che mai.

Donna 1: *(commossa)* È come se fossimo lì, a Betlemme, quella notte. Posso quasi sentire il calore del respiro del bambino Gesù, la dolcezza del suo sorriso.

Bambino: *(con innocenza)* Francesco, perché il bambino Gesù è nato tra gli animali? Non aveva paura?

Francesco: *(con un sorriso dolce)* No, piccolo mio, non aveva paura. Gesù è nato tra gli animali perché voleva mostrarci che anche le creature più semplici sono care al cuore di Dio. Lui ci insegna che tutti, persino i più umili, hanno un posto speciale nel suo amore.

Frate Angelo: *(riflettendo)* Francesco, questa celebrazione è un dono prezioso per tutti noi. In un mondo spesso così distratto, ci hai riportato all'essenza della nostra fede: l'amore di Dio che si manifesta nella semplicità e nella purezza.

Francesco: *(con passione)* Questo è tutto ciò che desidero, fratelli miei. Che possiamo vivere questo Natale con un cuore semplice, aperto a ricevere l'amore di Dio e a condividerlo con gli altri. Ricordate, la vera gioia non si trova nelle cose materiali, ma nel servire gli altri con umiltà e compassione.

Narratore: *(voce fuori scena)* Francesco aveva capito che il messaggio del Natale non era nei fasti delle celebrazioni, ma nella quieta gioia di riconoscere Dio nelle piccole cose. In quella notte fredda, sotto le stelle, con il soffio leggero del vento che sussurrava tra gli alberi, la gente di Greccio sentì il calore del vero Natale.

Uomo 1: *(con occhi lucidi)* Francesco, grazie per averci mostrato la vera essenza del Natale. Qui, tra queste umili mura, ho riscoperto il valore della fede e dell'amore.

Francesco: *(con umiltà)* Non sono io, fratello, ma lo Spirito di Dio che agisce in mezzo a noi. Il presepe è un segno visibile del suo amore invisibile, che ci avvolge in ogni momento della nostra vita.

Donna 1: *(rivolta ai frati)* Voi, che camminate con Francesco, siete fortunati. Avete imparato a vedere il mondo con occhi nuovi, a trovare Dio in ogni cosa.

Frate Leone: *(con un sorriso sereno)* Sì, è un grande dono. Francesco ci ha insegnato a vivere ogni giorno come un dono di Dio, a trovare gioia anche nelle prove, e a vedere il volto di Cristo nei nostri fratelli e sorelle.

Bambino: *(con entusiasmo)* Posso toccare il fieno, Francesco? È come quello che c'era nella mangiatoia di Gesù?

Francesco: *(accarezzando dolcemente la testa del bambino)* Certo, piccolo mio. Questo fieno è come quello su cui è stato posato il nostro Salvatore. È umile, ma sacro, perché ha accolto il più grande dei doni.

Narratore: **(voce fuori scena)** E così, mentre la notte di Natale si dispiegava, il villaggio di Greccio divenne il cuore pulsante della fede. Attraverso il presepe vivente, Francesco d'Assisi ricordò a tutti il significato più profondo del Natale: l'umiltà di Dio che si fa uomo per amore dell'umanità.

Francesco: *(alzando le mani in segno di preghiera)* Signore, ti ringraziamo per il dono del tuo Figlio, per la sua nascita tra noi. Fa' che, come lui, possiamo essere umili e generosi, portando luce nelle tenebre del mondo. Che questo Natale possa essere l'inizio di una nuova vita per ciascuno di noi, una vita vissuta nell'amore e nella pace.

Frate Giovanni: *(con devozione)* Amen, Francesco. Che le tue parole risuonino nei nostri cuori ogni giorno, e che possiamo vivere come testimoni del grande amore di Dio.

(La scena si conclude con la comunità che si raccoglie attorno alla mangiatoia in preghiera, mentre una dolce melodia natalizia si diffonde nell'aria. Le luci si abbassano lentamente,

lasciando un alone di luce calda sulla grotta e sul presepe, simbolo della luce di Cristo che illumina il mondo)

Scena 2

L'incontro con Santa Chiara

Ambientazione: *Un piccolo convento di suore, il Monastero di San Damiano, semplice e austero, con muri di pietra e finestre che lasciano entrare una luce tenue. Al centro della scena c'è una piccola cappella con un altare su cui è posto un crocifisso. Candele tremolanti illuminano la stanza con una luce calda e spirituale. In fondo alla cappella si intravede il chiostro interno, con un giardino tranquillo e curato. Su un lato della scena, Santa Chiara, vestita con un semplice abito monastico, è inginocchiata in preghiera davanti all'altare. Entra Francesco, accompagnato da Frate Rufino.*

Personaggi in scena:

- Francesco
- Santa Chiara

- Frate Rufino
- Suora 1 (una giovane suora)
- Suora 2 (una suora anziana)
- Narratore (voce fuori scena)

(La scena si apre con Santa Chiara inginocchiata in silenziosa preghiera. La luce delle candele illumina dolcemente il suo volto sereno e concentrato. Francesco e Frate Rufino entrano in silenzio nella cappella, rispettosi del momento di preghiera. Chiara si accorge della loro presenza e si alza con grazia)

Narratore: **(voce fuori scena)** Nel silenzio e nella pace del Monastero di San Damiano, Francesco incontra nuovamente Chiara, la sua sorella spirituale e compagna nel cammino verso Dio. In quel luogo di preghiera e riflessione, i loro cuori si trovano uniti nella stessa missione di servire il Signore con umiltà e amore.

Santa Chiara: *(con un sorriso sereno)* Fratello Francesco, la tua presenza qui è una benedizione. Sei venuto a visitare le tue sorelle che tanto pregano per te e per la tua missione.

Francesco: *(con affetto)* Chiara, sorella mia, ogni volta che vengo qui, sento la pace di Dio avvolgermi. Questo luogo è un angolo di paradiso sulla terra, grazie alla tua fede e alla dedizione delle tue sorelle.

Frate Rufino: *(rivolto a Chiara)* Madre Chiara, Francesco parla spesso della tua devozione. Il vostro esempio è una fonte di ispirazione per noi tutti, frati e fratelli.

Santa Chiara: *(con umiltà)* Non siamo che umili servitrici del Signore, che cerchiamo di vivere secondo il Vangelo come ci ha insegnato Francesco. È lui che ci ha mostrato la via della povertà e della semplicità, e per questo lo ringraziamo ogni giorno nelle nostre preghiere.

Francesco: *(guardando Chiara con ammirazione)* Chiara, tu hai abbracciato la povertà con una purezza e una determinazione che pochi possiedono. Il tuo esempio ha toccato molti cuori, più di quanto tu possa immaginare. Hai creato un rifugio di amore e devozione qui a San Damiano.

Suora 1: *(avvicinandosi timidamente)* Francesco, per noi è una gioia immensa averti qui. Le tue parole e il tuo spirito ci incoraggiano a continuare nel nostro cammino di preghiera e servizio.

Francesco: *(con dolcezza)* Sorella, il vostro servizio è prezioso agli occhi di Dio. Ogni preghiera, ogni gesto di amore che fate è come un fiore che sboccia nel giardino del Signore.

Suora 2: *(con un sorriso benevolo)* Francesco, ricordi quando venisti qui per la prima volta? Eri pieno di entusiasmo, e noi eravamo appena all'inizio del nostro cammino. Ora, guardandoci indietro, vedo quanto abbiamo imparato e quanto ancora abbiamo da imparare.

Santa Chiara: *(con occhi luminosi)* Francesco, ricordi la notte in cui decisi di lasciare tutto per seguire la via che Dio mi indicava? Era una scelta difficile, ma con la tua guida e la tua fede, ho trovato la forza di rinunciare al mondo per abbracciare la povertà.

Francesco: *(ricordando con affetto)* Sì, Chiara, ricordo bene. La tua decisione fu un atto di grande coraggio. Abbandonare ricchezze e sicurezza per seguire il Cristo povero non è da tutti. Ma tu hai mostrato che l'amore di Dio è il più grande tesoro che si possa desiderare.

Frate Rufino: *(con ammirazione)* Madre Chiara, la vostra comunità è un faro di speranza. Molte giovani vengono a San Damiano attratte dalla vostra dedizione e dalla vostra vita di preghiera.

Santa Chiara: *(con umiltà)* È la grazia di Dio che le guida qui. Noi offriamo solo ciò che abbiamo: un cuore aperto all'amore di Cristo e una vita vissuta secondo i suoi insegnamenti.

Francesco: *(con serietà)* Chiara, in te vedo la realizzazione del sogno di vivere il Vangelo in modo radicale. La tua fedeltà alla povertà, alla preghiera, e alla carità è un esempio non solo per le tue sorelle, ma per tutto il mondo.

Suora 1: *(rivolta a Chiara)* Madre, ogni giorno ci ispiri con il tuo esempio. Grazie a te, comprendiamo meglio cosa significa seguire il Cristo povero.

Santa Chiara: *(con dolcezza)* Sorella, non è altro che il riflesso dell'amore di Dio che mi guida. Francesco mi ha insegnato che la vera ricchezza non si trova nei beni materiali, ma nell'amore che doniamo agli altri.

Francesco: *(rivolto a tutte le suore)* Sorelle, il vostro cammino è un dono per la Chiesa. Continuate a pregare per noi e per tutti quelli che sono nel mondo, affinché possiamo essere sempre fedeli alla chiamata del Signore.

Suora 2: *(con rispetto)* Francesco, le nostre preghiere ti accompagnano sempre. Sei nostro fratello e guida spirituale. La tua presenza qui rafforza la nostra fede.

Santa Chiara: *(con uno sguardo affettuoso a Francesco)* Fratello Francesco, ora che sei qui, permettici di condividere con te il nostro pane e la nostra gioia. È semplice, come tutto ciò che possediamo, ma è preparato con amore.

Francesco: *(sorridendo)* Non c'è dono più grande che condividere il pane tra fratelli e sorelle. Mangiamo insieme, come faceva il Signore con i suoi discepoli, e lodiamo Dio per tutto ciò che ci ha donato.

Narratore: *(voce fuori scena)* E così, in quella notte di pace e comunione, Francesco e Chiara, insieme alle loro sorelle, condivisero non solo il pane, ma anche l'amore per Dio che li aveva uniti in una missione comune. Quel momento fu una celebrazione della fraternità e della fede che superava ogni ricchezza terrena.

(La scena si conclude con le suore e Francesco seduti insieme in cerchio, condividendo un pasto semplice ma ricco di significato. La luce delle candele si riflette sui loro volti sereni, mentre le loro voci si uniscono in un canto di lode e ringraziamento. Le luci si abbassano lentamente, lasciando una luce soffusa che illumina il crocifisso, simbolo del loro cammino di fede e povertà)

Scena 3

Le Stimmate e l'ultima benedizione

Ambientazione: *Un eremo isolato sul Monte della Verna, circondato da una fitta foresta. È l'alba e una tenue luce illumina la scena, con il cielo tinto di sfumature rosate. Al centro, un piccolo altare di pietra naturale, vicino al quale Francesco è inginocchiato in preghiera. È visibilmente emaciato e debole, ma i suoi occhi brillano di fervore spirituale. Accanto a lui ci sono Frate Leone e Frate Rufino, che lo assistono amorevolmente. La scena è pervasa da un'atmosfera sacra e mistica.*

Personaggi in scena:

- Francesco
- Frate Leone
- Frate Rufino

- Frate Masseo
- Frate Angelo
- Narratore (voce fuori scena)

(La scena si apre con il canto degli uccelli all'alba e il suono leggero del vento tra gli alberi. Francesco è inginocchiato in preghiera profonda, con le mani giunte e gli occhi chiusi. Frate Leone e Frate Rufino lo osservano con preoccupazione ma anche con ammirazione. La loro preoccupazione cresce mentre notano il deteriorarsi delle condizioni fisiche di Francesco)

Narratore: *(voce fuori scena)* Era il settembre del 1224, quando Francesco, ormai indebolito nel corpo ma forte nello spirito, si ritirò sul Monte della Verna per pregare e cercare la volontà di Dio. Fu in questo luogo solitario che il Signore gli concesse il dono delle stimmate, segni visibili della Passione di Cristo.

Frate Leone: *(sussurrando a Frate Rufino)* Rufino, guarda Francesco. Nonostante la sua debolezza, sembra avvolto da una luce che non è di questo mondo. La sua fede lo sostiene, ma il suo corpo è così fragile...

Frate Rufino: *(con tono preoccupato)* Sì, Leone, il nostro amato Francesco sembra vicino alla fine del suo viaggio terreno. Eppure, c'è una serenità in lui che solo la grazia divina può dare. È come se fosse già a metà strada tra la terra e il cielo.

Francesco: *(sussurrando una preghiera)* Signore mio, Gesù Cristo, ti ringrazio per ogni dono che mi hai concesso. Per la povertà, per la sofferenza, per la gioia di servire i miei fratelli. Ora, ti chiedo solo di poterti amare come tu mi hai amato.

(Improvvisamente, la luce dell'alba si intensifica, avvolgendo Francesco in un bagliore dorato. Frate Leone e Frate Rufino si ritraggono con stupore e riverenza, mentre Francesco alza le mani al cielo, le palme rivolte verso l'alto)

Narratore: *(voce fuori scena)* Fu in quel momento che Francesco ricevette le sacre stimmate, segni tangibili del suo completo abbandono alla volontà di Dio. I segni della crocifissione apparvero sulle sue mani, sui piedi e sul fianco, portando in lui il marchio del Cristo sofferente.

Frate Leone: *(con voce tremante)* Rufino, guarda le sue mani... e i suoi piedi! È un miracolo... il segno del Signore è su di lui!

Frate Rufino: *(quasi in lacrime)* Francesco è stato scelto per portare i segni della Passione di Cristo. Questo è un dono immenso, ma anche una croce pesante da portare.

Francesco: *(con un sorriso debole ma sereno)* Non temete, fratelli miei. Questo è il segno dell'amore del Signore. Non è un peso, ma una benedizione. Attraverso queste ferite, posso unirmi ancora di più al mio Salvatore.

Frate Masseo: *(entrando in scena, avendo notato il bagliore)* Cosa è successo? Ho visto una luce straordinaria provenire da qui...

Frate Angelo: *(seguendolo, ansioso)* Francesco, stai bene? Siamo stati richiamati dalla luce che sembrava provenire dal cielo stesso.

Frate Leone: *(indicando le stimmate)* Masseo, Angelo... Francesco ha ricevuto le stimmate! È stato segnato come Cristo stesso!

Frate Masseo: *(cadendo in ginocchio)* Sia lodato Dio! Questo è un segno del suo amore infinito per noi. Francesco, sei benedetto tra gli uomini.

Frate Angelo: *(commosso)* Francesco, il tuo sacrificio e la tua devozione sono stati accettati dal Signore in un modo che supera ogni nostra comprensione.

Francesco: *(rivolto ai frati, con voce fioca ma ferma)* Fratelli miei, non lodate me, ma il Signore che ha scelto di mostrarsi attraverso di me. Le mie forze stanno diminuendo, ma il mio spirito è forte. Continuate il nostro lavoro, amatevi gli uni gli altri, e ricordate sempre la nostra chiamata alla povertà e all'umiltà.

Frate Rufino: *(con dolcezza)* Francesco, sei stato una guida per noi in questa vita. Continueremo a seguire il cammino che ci hai indicato, con fede e coraggio.

Frate Leone: *(prendendo la mano di Francesco)* Non sarai mai dimenticato, fratello. La tua luce continuerà a brillare attraverso di noi, attraverso tutti quelli che toccherai con la tua vita e il tuo esempio.

Francesco: *(chiudendo gli occhi, sussurrando)* Non temete per me, fratelli miei. Il mio cammino terreno si avvicina alla fine, ma la mia gioia è grande. La mia ultima preghiera è per voi: che possiate sempre trovare pace nel cuore e gioia nel servire Dio e gli uomini.

Narratore: ***(voce fuori scena)*** Francesco sapeva che il suo tempo su questa terra stava per terminare. Ma sapeva anche che la sua missione avrebbe continuato a vivere nei cuori dei suoi fratelli e sorelle.

Con l'umiltà che lo aveva sempre contraddistinto, accettò le stimmate come un dono divino e un sigillo del suo amore per Cristo.

Frate Masseo: *(con voce spezzata dall'emozione)* Francesco, noi porteremo avanti il tuo sogno. La fraternità che hai fondato continuerà a diffondere l'amore di Dio nel mondo.

Frate Angelo: *(con determinazione)* Non cederemo alla tentazione di tornare alle comodità del mondo. Come tu ci hai insegnato, vivremo nell'umiltà e nella povertà, seguendo sempre il Vangelo.

Francesco: *(con un sorriso debole)* Siate sempre fedeli al Signore, e Lui vi guiderà. Ora, fratelli miei, vi chiedo di lasciarmi solo per un momento. Desidero parlare con Dio da solo, come un figlio che parla al proprio Padre.

Frate Leone: *(con un nodo alla gola)* Come desideri, Francesco. Saremo qui vicino, pregando con te e per te.

(I frati si allontanano con rispetto, lasciando Francesco solo. La luce del sole si fa più intensa, quasi a simboleggiare l'avvicinarsi della presenza divina. Francesco, ora solo, alza lo sguardo al cielo, la sua espressione è di totale abbandono e pace)

Francesco: *(sussurrando)* Signore, ti affido la mia anima. Ti ringrazio per avermi concesso di vivere al tuo servizio. Fa' che io possa continuare a lodarti, anche dopo che il mio corpo avrà cessato di vivere. Accogli il tuo servo tra le tue braccia.

Narratore: *(voce fuori scena)* Francesco, segnato dal dono delle stimmate, si preparava a lasciare questo mondo. La sua vita, un esempio di umiltà e amore, sarebbe stata ricordata per secoli a venire, come una luce guida per tutti coloro che avrebbero cercato Dio nel silenzio e nella semplicità.

(La scena si conclude con Francesco che rimane in silenziosa preghiera, avvolto dalla luce. I suoni della natura si fanno più intensi, quasi come se la creazione stessa stesse rendendo omaggio al santo. Le luci si abbassano gradualmente, lasciando solo un fascio di luce che illumina Francesco, mentre

la scena sfuma nell'oscurità, simbolo della sua imminente ascensione al cielo)

Scena 4

L'Addio di Francesco e il Cantico delle Creature

Ambientazione: La Porziuncola, la piccola chiesa di Santa Maria degli Angeli, il luogo che Francesco ha sempre considerato la sua casa spirituale. La scena è semplice ma carica di spiritualità: un altare modesto al centro, circondato da candele accese, con una grande croce che pende sopra di esso. Francesco è adagiato su un giaciglio di paglia vicino all'altare, visibilmente debole ma sereno. Intorno a lui ci sono i suoi più stretti compagni: Frate Leone, Frate Rufino, Frate Masseo, Santa Chiara, e alcuni altri frati e suore. L'atmosfera è solenne, con una luce calda e dorata che avvolge la scena.

Personaggi in scena:

- Francesco
- Frate Leone
- Frate Rufino
- Frate Masseo
- Santa Chiara
- Frate Elia
- Suora 1 (una giovane suora)
- Suora 2 (una suora anziana)
- Frati e suore vari (come coro)
- Narratore (voce fuori scena)

(La scena si apre con il suono dolce di un canto gregoriano in sottofondo. Francesco è disteso sul giaciglio, la sua respirazione è lenta e affaticata, ma i suoi occhi sono aperti e pieni di pace. I frati e le suore lo circondano con affetto, sapendo che il momento del suo addio si avvicina)

Narratore: *(voce fuori scena)* Il tempo di Francesco sulla terra volgeva al termine. La

Porziuncola, il luogo che tanto amava, era diventata il suo rifugio finale. Con il corpo ormai debole e vicino alla morte, Francesco continuava a lodare Dio, dimostrando un amore senza confini per il Creatore e tutte le sue creature.

Frate Leone: *(accarezzando la mano di Francesco)* Fratello Francesco, sei sempre stato per noi una guida, un esempio di amore e devozione. Come possiamo continuare senza di te?

Francesco: *(con un sorriso debole)* Leone, mio caro Leone, non sarò mai veramente lontano da voi. Il mio spirito resterà con voi, in ogni preghiera, in ogni atto di amore verso i nostri fratelli e sorelle.

La vita è breve, ma l'amore di Dio è eterno.

Frate Rufino: *(con voce rotta dall'emozione)* Francesco, tu ci hai insegnato a vedere la bellezza in ogni cosa, a lodare Dio in ogni creatura. Come possiamo vivere senza la tua luce che ci guida?

Francesco: *(con sguardo amorevole)* Rufino, ricordate sempre il Cantico delle Creature. Ogni creatura è un riflesso dell'amore di Dio. Lodate il Signore per il sole, la luna, le stelle... LodateLo per il vento, l'acqua, e il fuoco. E soprattutto, lodateLo per la sorella nostra morte corporale, che nessun vivente può sfuggire.

Santa Chiara: *(avvicinandosi con delicatezza)* Francesco, la tua vita è stata una continua lode a Dio. Hai vissuto nell'umiltà, nella povertà, e nell'amore. Le tue sorelle pregano per te ogni giorno, e continueremo a farlo, perché tu ci hai mostrato la via verso il Signore.

Francesco: *(con un tono dolce)* Chiara, sorella mia, tu hai scelto la strada della povertà con coraggio e amore. Non c'è nulla di più grande che vivere per Dio. Le tue preghiere sono state una forza per me, così come lo saranno per tutti quelli che verranno dopo di noi.

Frate Elia: *(entrando in scena, visibilmente turbato)* Francesco, fratello mio, non posso accettare che ci lasci. Abbiamo ancora tanto bisogno di te, del tuo consiglio, della tua saggezza.

Francesco: *(con comprensione)* Elia, la vita è un passaggio, un pellegrinaggio verso la vera casa, che è nei cieli. Non temere la mia partenza, perché sarà solo un nuovo inizio. Voi tutti siete pronti a continuare l'opera di Dio, e questo mi dà pace.

Suora 1: *(con occhi lucidi)* Francesco, ci hai insegnato a vivere nella semplicità e nella gioia. Come possiamo fare a meno del tuo sorriso che sempre ci rincuorava?

Francesco: *(con un sorriso debole ma sereno)* Cara sorella, la gioia è un dono che viene dal cuore, quando è colmo dell'amore di

Dio. Non lasciate che il dolore oscuri la vostra gioia. Vivete nel sorriso del Signore, e così continuerete a portare la luce nel mondo.

Suora 2: *(con voce calma)* Francesco, hai portato conforto a tante anime, hai guarito i cuori feriti. Ora che stai per incontrare il nostro Creatore, prega per noi, affinché possiamo continuare il tuo lavoro.

Francesco: *(sussurrando)* Pregherò per voi, come ho sempre fatto. E voi, pregate per me, affinché il Signore mi accolga tra le sue braccia con misericordia.

Narratore: *(voce fuori scena)* Con queste ultime parole, Francesco sentì avvicinarsi il momento del suo passaggio. Il Cantico delle Creature, composto nel periodo più buio della sua vita, risuonava ora nel suo cuore come un inno di ringraziamento e amore.

Frate Leone: *(incitando i frati e le suore)* Cantiamo per Francesco il Cantico delle Creature, affinché le sue ultime ore siano piene di quella gioia che lui stesso ci ha insegnato.

(I frati e le suore si uniscono in coro, cantando dolcemente il Cantico delle Creature. Mentre cantano, Francesco chiude gli occhi, lasciandosi cullare dalla melodia)

Frati e Suore: *(coro)* Altissimo, onnipotente, bon Signore, Tue so' le laude, la gloria, l'onore et onne benedictione. Laudato si', mi' Signore, cun tucte le Tue creature, Spetialmente messor lo frate sole, Lo qual è iorno, et allumini noi per lui.

(Continuano a cantare il Cantico delle Creature mentre la luce intorno a Francesco diventa sempre più soffusa, come se la sua anima stesse ascendendo lentamente al cielo)

Frate Rufino: *(in lacrime ma sorridendo)* Francesco, sentiamo la tua pace, sentiamo la tua gioia. Il Signore ti ha chiamato a sé.

Santa Chiara: *(con voce rotta dall'emozione)* Vai, Francesco, il cielo ti attende. Noi porteremo avanti il tuo sogno, con la stessa fede e la stessa dedizione che tu ci hai insegnato.

Francesco: *(con un ultimo sussurro)* Laudato sii, mi' Signore... per sora nostra morte corporale... che nessun vivente può sfuggire... Sia fatta la Tua volontà.

Narratore: ***(voce fuori scena)*** Con queste ultime parole, Francesco d'Assisi rese la sua anima a Dio, avvolto dall'amore dei suoi fratelli e sorelle, e dalla lode delle creature del Signore. La sua vita era stata un inno di lode e amore, e così fu anche la sua morte.

(La scena si chiude con il canto del Cantico delle Creature che svanisce dolcemente, mentre la luce dorata che avvolge Francesco si affievolisce, simboleggiando il suo passaggio alla vita eterna. I frati e le suore restano inginocchiati in silenzio, pregando, mentre le luci si spengono gradualmente, lasciando

solo un tenue bagliore sulla croce, simbolo della presenza eterna di Francesco nel cuore di chi lo ha conosciuto)

EPILOGO

(Il sipario si riapre lentamente, rivelando una scena semplice e austera. Santa Chiara è sola al centro del palco, vestita con un abito marrone semplice, simbolo della povertà e dell'umiltà che ha scelto di abbracciare. Tra le mani tiene una pergamena. La luce è soffusa, concentrata su di lei, mentre tutto intorno è avvolto in una penombra tranquilla. Chiara prende un respiro profondo e inizia a leggere con una voce calma, ma carica di emozione)

Santa Chiara:

Francesco, fratello mio,

Oggi le parole mi sembrano insufficienti per esprimere tutto ciò che il tuo esempio ha significato per me e per tutti coloro che hanno avuto la grazia di conoscerti. Eppure, sento il bisogno di scriverti questa lettera, di fissare su carta i pensieri che scorrono nel mio cuore, così come hai fissato nei nostri cuori l'amore per Cristo.

Fin dal giorno in cui i nostri cammini si sono incrociati, ho capito che Dio aveva scelto te per una missione speciale: riportare il mondo alla semplicità del Vangelo, all'amore per i poveri e per tutte le creature. Tu hai insegnato a me, e a tanti altri, che la vera ricchezza non si trova nelle cose terrene, ma nella povertà dello spirito, nell'abbandono totale alla volontà del Signore.

Il tuo amore per la povertà ha illuminato il mio cammino, spingendomi a lasciare tutto ciò che avevo, per seguire il tuo esempio. E in quella rinuncia ho trovato una gioia che non avrei mai immaginato possibile. Tu, Francesco, mi hai mostrato che vivere per Dio è la più grande delle avventure, che il sacrificio è un dono, e che la vera libertà si trova nel servire gli altri.

In tutti questi anni, ho visto come il tuo cuore si è aperto al mondo, come hai accolto i poveri, i malati, gli emarginati, come fossero i tuoi fratelli e sorelle. Hai parlato con gli animali come fossero amici, hai lodato il sole, la luna, il vento, la terra... Hai vissuto in comunione con tutto ciò che Dio ha creato, riconoscendo la sacralità di ogni cosa.

Ma soprattutto, mi hai insegnato ad amare. Amare senza limiti, senza condizioni, senza riserve. Amare Dio sopra ogni cosa, e amare il prossimo come noi stessi. Questa è l'eredità che lasci a tutti noi: un amore che va oltre la carne, oltre il sangue, oltre il tempo. Un amore che continuerà a vivere nei cuori di tutti quelli che seguiranno le tue orme.

Francesco, tu non ci hai lasciato solo una regola di vita, ma un esempio di come si possa essere Cristo in questo mondo. La tua vita è stata un Vangelo vivente, e così sarà ricordata per sempre. Tu ci hai insegnato che anche le cose più semplici – un fiore, un raggio di sole, una parola gentile – possono diventare una lode al Creatore.

Ora che il tuo spirito è tornato al Padre, sento che il tuo amore per noi non si è affievolito, ma si è moltiplicato. La tua presenza continuerà a guidarci, a confortarci, a spronarci verso quella perfezione a cui tanto aspiravi.

E mentre il mondo continua il suo cammino, portando con sé il ricordo della tua santità, io prego che tutti possano trovare in te un fratello, un amico, un esempio di come vivere nella verità, nella giustizia, e nell'amore.

Per me, sarai sempre il mio fratello spirituale, il mio confidente, il mio maestro. E fino a quando avrò respiro, continuerò a lodare Dio per averti messo sul mio cammino.

Addio, Francesco. O forse dovrei dire, arrivederci, poiché so che ci rincontreremo in quella casa eterna che è preparata per coloro che hanno amato Dio sopra ogni cosa.

Con tutto l'affetto e la gratitudine di una sorella,

Chiara

(Chiara abbassa la lettera, con gli occhi pieni di lacrime, ma con un sorriso sereno sulle labbra. La luce si affievolisce lentamente, lasciandola immersa nella penombra. Infine, si inchina con reverenza, poggiando la lettera sull'altare, e si

allontana lentamente, scomparendo nell'oscurità. Il sipario si chiude dolcemente, segnando la conclusione definitiva della storia)

COSTUMI

(personaggi principali e secondari)

PERSONAGGI PRINCIPALI

San Francesco d'Assisi:

Abito: Saio semplice e ruvido di lana o cotone, di colore marrone chiaro o beige. Cintura di corda grezza attorno alla vita. Cappa o mantello semplice (opzionale) per le scene all'aperto o di grande solennità.

Accessori: Un rosario o una croce di legno. Sandali o scarpe semplici. Capelli e barba naturali o posticci se necessario, mantenuti disordinati. Una scatola o un sacco per distribuire cibo ai poveri.

Santa Chiara d'Assisi:

Abito: Tunica lunga e semplice di colore beige o bianco sporco. Velo di tessuto leggero che copre il capo e le spalle.

Accessori: Una croce o un rosario. Una cintura semplice. Scarpe semplici o sandali.

Frate Leone:

Abito: Saio di lana o cotone marrone scuro. Cintura di corda. Cappuccio sul capo.

Accessori: Una piccola croce di legno. Un bastone da pellegrino (opzionale). Scarpe semplici o sandali.

Pica Bourlemont (Madre di San Francesco):

Abito: Vestito elegante di tessuto pesante, con dettagli ricchi come bordature dorate o ricami. Mantello o scialle.

Accessori: Gioielli o collane finti. Guanti eleganti. Scarpe eleganti.

Pietro di Bernardone (Padre di S. Francesco):

Abito: Abito da mercante ricco, con pantaloni e giacca in tessuto pregiato. Mantello elegante.

Accessori: Un cappello di mercante. Una borsa o una scatola per il denaro. Scarpe eleganti.

Frate Elia da Cortona:

Abito: Saio simile a quello di Francesco, ma con dettagli leggermente più ricercati per indicare il suo ruolo di successore. Cintura di corda.

Accessori: Una croce o una medaglia. Scarpe semplici o sandali.

PERSONAGGI SECONDARI

Frate Masseo:

Abito: Saio marrone scuro con cappuccio. Cintura di corda.

Accessori: Un rosario o una piccola croce. Sandali o scarpe semplici.

Frate Ginepro:

Abito: Saio di tessuto grezzo e semplice. Cintura di corda.

Accessori: Una piccola croce di legno. Scarpe semplici o sandali.

Frate Bernardo di Quintavalle:

Abito: Saio di tessuto semplice e spartano. Cintura di corda.

Accessori: Una croce o un rosario. Sandali o scarpe semplici.

Vescovo Guido:

Abito: Abito liturgico ricco, composto da una tunica, una casula e una mitra (cappello ecclesiastico). Colore predominante: rosso o oro.

Accessori: Bastone pastorale. Anello episcopale. Scarpe eleganti.

Donna povera con un bambino:

Abito: Vestiti stracciati e semplici, in tessuti ruvidi. Una sciarpa o un velo per coprire la testa.

Accessori: Un cesto di legno per raccogliere l'elemosina. Scarpe logore o sandali.

COMPARSE

Mercanti e cittadini di Assisi:

Abito: Abiti medievali variopinti e di diverse fatture (per i mercanti, tessuti ricchi; per i cittadini, vestiti più semplici).

Accessori: Cesti di merci. Scudi o bandiere per rappresentare la città.

Soldati:

Abito: Uniformi medievali, con corazze leggere e caschi.

Accessori: Spade e scudi. Elmi.

Lebbrosi:

Abito: Abiti stracciati e sporchi, con segni visibili di malattia (macchie o strappi).

Accessori: Bastoni o oggetti che simboleggiano la malattia. Scialli o coperture per il corpo.

Seguaci di Santa Chiara:

Abito: Tuniche simili a quelle di Santa Chiara, ma di tessuto meno pregiato.

Accessori: Veli e croci semplici.

Animali:

Abito: Costumi o burattini che rappresentano vari animali (uccelli, lupi, ecc.).

Accessori: Simboli che rappresentano la loro presenza nel contesto della scena (ad esempio, piccoli oggetti che imitano il loro comportamento).

Considerazioni per i Costumi

Materiali: I costumi devono riflettere l'epoca medievale. Usa tessuti naturali e semplici per i frati e le figure povere, mentre materiali più pregiati e decorati per i personaggi ricchi e i religiosi.

Colore: I colori dei costumi dovrebbero riflettere il ruolo e lo stato sociale del personaggio. I frati e i poveri indosseranno colori neutri e terrosi, mentre i mercanti e i nobili indosseranno colori vivaci e ricchi.

Accessori: Gli accessori dovrebbero aiutare a caratterizzare i personaggi e a rafforzare il loro ruolo e status sociale. Considera anche l'uso di effetti speciali, come effetti di luce per rappresentare la mistica e la spiritualità.

SCENOGRAFIA

Ecco una descrizione dettagliata delle scenografie e degli accessori necessari per realizzare lo spettacolo in tre atti che racconta la vita di San Francesco d'Assisi.

SCENOGRAFIE E ACCESSORI PER IL PRIMO ATTO

PRIMA SCENA: Piazza di Assisi

- **Scenografia**:
    - Una piazza medievale con edifici in pietra.
    - Uno sfondo dipinto raffigurante il profilo della città di Assisi con la Rocca Maggiore visibile in lontananza.

- Banchi di mercanti con merci esposte (stoffe, cibo, oggetti vari).
- Una fontana al centro della scena.

- **Accessori**:
  - Ceste con frutta e verdura.
  - Stoffe colorate drappeggiate sui banchi.
  - Monete finte per le transazioni dei mercanti.
  - Strumenti musicali (tamburelli, flauti) per i musici di strada.

SECONDA SCENA: Casa di Francesco

- **Scenografia**:
  - Interno di una ricca casa medievale.

- Mobili in legno massiccio, un tavolo lungo con sedie, una credenza con stoviglie e vasi.
- Arazzi decorativi appesi alle pareti.
- Un camino acceso (può essere realizzato con effetti di luce).
- **Accessori**:
  - Un sacco di monete o una cassa con denaro.
  - Pelli di animali (come tappeti).
  - Calici e stoviglie d'argento.
  - Vestiti ricchi e ornamenti che rappresentano la prosperità della famiglia.

TERZA SCENA: La Chiesa di San Damiano

- **Scenografia**:

- Interno di una chiesa piccola e semplice, con una croce appesa al centro della scena (la croce di San Damiano).
- Panche in legno.
- Una piccola altare con candele.

- **Accessori**:
  - Candele e candelabri.
  - Un libro di preghiere.
  - Un calice.
  - Un sacchetto di denaro che Francesco offrirà simbolicamente.

QUARTA SCENA: Bosco nei dintorni di Assisi

- **Scenografia**:
  - Un bosco con alberi, rocce e un sentiero in terra battuta.
  - Un cielo stellato visibile attraverso gli alberi.

- **Accessori**:
  - Alberi artificiali o pannelli dipinti.
  - Rami e foglie sparse sul palco.
  - Un focolare semplice (con legna e fuoco simulato).
  - Un saio che Francesco indossa.
  -

- **SCENOGRAFIE E ACCESSORI PER IL SECONDO ATTO**

PRIMA SCENA: Strada di Assisi

- **Scenografia**:
  - Una strada polverosa che conduce fuori dalla città.
  - Alcuni edifici più poveri rispetto alla prima scena della piazza.
  - Il portone delle mura cittadine visibile in fondo.

- **Accessori**:
  - Ceste di pane e cibo che Francesco distribuisce ai poveri.
  - Bastoni da pellegrino.
  - Vestiti logori per i poveri e i lebbrosi.
  - Un saio semplice per Francesco e i primi frati.

SECONDA SCENA: Porziuncola (Santa Maria degli Angeli)

- **Scenografia**:
  - La piccola chiesa della Porziuncola, un edificio semplice e umile circondato da vegetazione.
  - Interno della chiesetta con panche in legno e un piccolo altare.
- **Accessori**:
  - Un saio e una corda per Santa Chiara.

- Candele e piccoli candelabri.
- Un libro di preghiere.
- Fiori selvatici sparsi intorno alla chiesa.

TERZA SCENA: Il Palazzo Vescovile di Assisi

- **Scenografia**:
  - Un ampio salone con troni e sedie per il vescovo e i dignitari.
  - Arazzi e dipinti religiosi sulle pareti.
  - Un grande tavolo con candelabri e pergamene.
- **Accessori**:
  - Bastoni da cerimonia per i dignitari.
  - Paramenti sacri per il vescovo.
  - Una croce d'argento o d'oro.
  - Una pergamena e penna d'oca per redigere documenti.

QUARTA SCENA: Bosco e Caverna

- **Scenografia**:
    - Un ambiente naturale con alberi, un ruscello dipinto o simulato, e una caverna.
    - Un fuoco acceso vicino alla caverna (simulato con luci e fumo).
- **Accessori**:
    - Pelli di animali e fieno per simulare un giaciglio.
    - Una brocca e un piatto di ceramica semplice.
    - Bastoni da pellegrino.
    - Saio e corda per i frati.

SCENOGRAFIE E ACCESSORI PER IL TERZO ATTO

PRIMA SCENA: La Basilica di San Francesco (in costruzione)

- **Scenografia:**
  - Un cantiere medievale con impalcature, blocchi di pietra e strumenti da costruzione.
  - Una visione parziale della basilica in costruzione, con le sue arcate e colonne.
- **Accessori:**
  - Martelli, scalpelli e altri strumenti da muratore.
  - Piani di costruzione su pergamene.
  - Secchi e carriole.
  - Tuniche semplici per i lavoratori.

SECONDA SCENA: Il Convento di San Damiano

- **Scenografia**:
    - Interno del convento, con una sala comune semplice e arredi essenziali.
    - Un giardino interno con piante e fiori.
- **Accessori**:
    - Attrezzi da giardinaggio semplici (zappe, annaffiatoi).
    - Libri di preghiere.
    - Saio e velo per Santa Chiara e le altre Clarisse.
    - Un cesto con pane e frutta.

TERZA SCENA: La Verna

- **Scenografia**:

- Un paesaggio montuoso con alberi e rocce.
- La grotta dove Francesco riceve le stimmate.
- Il cielo con effetti di luce per simulare il miracolo.
- **Accessori**:
  - Una croce di legno.
  - Un saio con effetti speciali per rappresentare le stimmate.
  - Candele e incenso per creare un'atmosfera mistica.
  - Una roccia o un altare naturale.

QUARTA SCENA: L'Eremo delle Carceri

- **Scenografia**:
  - Un eremo isolato tra le montagne, con una piccola cappella e celle di pietra.

- Alberi e piante che circondano l'eremo, creando un'atmosfera di pace e contemplazione.
- **Accessori**:
  - Candele.
  - Un piccolo altare con una croce.
  - Saio e cappuccio per Francesco e i suoi frati.
  - Un bastone da pellegrino.

Riassunto degli Accessori Generali

- **Vestiti**: Ricchi per la famiglia di Francesco, saio francescano per i frati, tuniche semplici per le Clarisse, abiti poveri per i lebbrosi e i mendicanti, abiti da mercante per Pietro di Bernardone.
- **Strumenti Musicali**: Tamburelli, flauti per i musici di strada.
- **Oggetti di Scena**: Monete finte, candele, croci di varie dimensioni, libri di preghiere, attrezzi da costruzione, attrezzi da giardinaggio, cesti con pane e frutta, bastoni da pellegrino.
- **Effetti Speciali**: Luci per simulare il fuoco, fumo per creare l'atmosfera nei boschi e nella caverna, suoni di animali e della natura.

NOTE DI REGIA

Cambiare il fondale diverse volte durante lo spettacolo può essere impegnativo, ma esistono tecniche e soluzioni che possono rendere il processo più fluido e meno laborioso. Ecco alcune opzioni:

1. Fondali Rotanti o Girevoli

- **Descrizione**: Un sistema di fondali montati su pannelli girevoli o rotanti che possono essere facilmente cambiati durante una pausa o una transizione. Ogni lato del pannello può essere dipinto o decorato per rappresentare una scena diversa.
- **Come usarlo**: Quando è necessario cambiare scena, un semplice meccanismo (manuale o motorizzato) permette di girare il pannello, rivelando il fondale successivo.

2. Drop Scenery (Fondali a Caduta)

- **Descrizione**: Fondali dipinti o stampati che possono essere arrotolati verso l'alto o verso il basso come una tenda.
- **Come usarlo**: Ogni fondale è attaccato a un tubo orizzontale montato sopra il palco. Durante il cambio di scena, il fondale corrente viene arrotolato verso l'alto, rivelando il successivo che è già predisposto sotto. Questo metodo è rapido e può essere gestito facilmente dal personale dietro le quinte.

3. Proiezioni Digitali

- **Descrizione**: Utilizzo di proiettori per visualizzare immagini digitali che rappresentano i vari fondali direttamente su una parete bianca o su uno schermo.

- **Come usarlo**: Le immagini dei fondali possono essere proiettate in tempo reale, permettendo cambi di scena rapidi e senza la necessità di grandi pannelli fisici. Questo metodo offre flessibilità per creare ambienti complessi e dinamici.

4. Fondali Scorrevoli Laterali

- **Descrizione**: Fondali montati su binari orizzontali che possono essere spostati lateralmente fuori dal palco per rivelare il fondale successivo.
- **Come usarlo**: I fondali sono appesi a un sistema di binari e possono essere tirati lateralmente fuori dalla vista. Una volta che un fondale è stato spostato, il successivo scorre in posizione. Questo sistema richiede spazio

laterale per nascondere i fondali che non vengono utilizzati.

5. Cambiamenti di Illuminazione e Scenografia Parziale

- **Descrizione**: Utilizzo di illuminazione creativa e cambiamenti parziali di scenografia per suggerire un cambiamento di luogo senza dover sostituire l'intero fondale.
- **Come usarlo**: Modificare le luci per creare nuove atmosfere (giorno, notte, interno, esterno) e aggiungere o rimuovere elementi scenografici (alberi, mobili, ecc.) che possono trasformare l'ambiente senza un cambiamento completo del fondale. Questo metodo è utile per cambi di scena rapidi.

6. Teli Semitrasparenti e Sovrapposizioni

- **Descrizione**: Utilizzo di teli semitrasparenti davanti al fondale principale. Possono essere illuminati in modo diverso per far emergere nuovi elementi della scenografia.
- **Come usarlo**: Durante una scena, un telo può essere utilizzato per creare effetti particolari (come nebbia o profondità) e poi rimosso per rivelare il fondale sottostante o sovrapposto con un altro per cambiare l'ambiente.

7. Fondali Modulari o Componibili

- **Descrizione**: Fondali composti da più pannelli modulari che possono essere riorganizzati o scambiati per creare nuove scene.
- **Come usarlo**: I pannelli modulari possono essere montati e smontati rapidamente, permettendo di ricombinarli in vari modi per

rappresentare ambienti diversi. Questa tecnica richiede coordinazione ma offre una grande versatilità.

8. Sipari Aperti a Settori

- **Descrizione**: Utilizzo di sipari separati in sezioni che possono essere aperti parzialmente per rivelare solo una parte della scena successiva.
- **Come usarlo**: Invece di un cambio totale del fondale, solo una parte della scena viene cambiata per suggerire un nuovo ambiente. Questo è utile quando si vuole mantenere parte della scena precedente visibile.

9. Transizioni Animate o Attori che Interagiscono con il Fondale

- **Descrizione**: Includere attori che "interagiscono" con il fondale per simularne il cambiamento. Questo può essere fatto con l'uso di accessori o con effetti sonori.
- **Come usarlo**: Gli attori possono portare elementi della scena sul palco o recitare come se stessero creando il nuovo ambiente, rendendo il cambiamento parte dell'azione stessa.

Considerazioni Finali

Per uno spettacolo con molti cambi di fondale, la scelta della tecnica dipende dalle risorse disponibili, dallo spazio sul palco e dalla durata delle transizioni desiderate. Le proiezioni digitali sono molto flessibili e permettono un cambio rapido e creativo, mentre i fondali fisici come quelli girevoli o a caduta offrono un tocco più tradizionale. Combinare più tecniche può offrire una soluzione ottimale, mantenendo il pubblico immerso nell'azione senza interruzioni prolungate.

Conclusione

Cari lettori,

È con un senso profondo di gratitudine e riflessione che giungiamo alla conclusione di questo viaggio nella vita di San Francesco d'Assisi, una figura la cui storia è tanto luminosa quanto ispiratrice. Il racconto della sua esistenza, dalle sue origini come giovane mercante ribelle fino alla sua trasformazione in uno dei santi più amati e rispettati della storia, ci offre non solo una cronaca di eventi, ma anche un richiamo alla riflessione profonda su temi universali come la semplicità, la compassione e la devozione.

San Francesco ha dimostrato con il suo esempio che il vero valore della vita non risiede nei beni materiali, ma nella ricchezza dell'animo e nella qualità dei legami umani. La sua scelta di abbracciare la povertà e di vivere in armonia con la natura e con i più bisognosi ci invita a considerare quali siano le nostre vere ricchezze e a riflettere su come possiamo contribuire al benessere degli altri. In un mondo spesso dominato dalla ricerca di successo e prestigio, il suo messaggio di amore incondizionato e servizio disinteressato risuona con una forza che non conosce tempo.

Nel corso di questo libro, abbiamo visto come San Francesco, sostenuto dai suoi amici più fedeli e dalle sue prime discepole, abbia lasciato un'impronta duratura non solo attraverso le sue azioni, ma anche attraverso la sua profonda trasformazione interiore. La sua vita ci ricorda che anche nelle circostanze più difficili, è possibile trovare un significato e uno scopo attraverso la dedizione agli altri e la ricerca di una connessione più profonda con il divino.

La storia di San Francesco è anche un racconto di coraggio e di cambiamento. Il suo cammino non è stato privo di ostacoli e difficoltà, ma ogni sfida ha contribuito a modellare la sua visione e il suo impegno verso una vita di umiltà e servizio. Attraverso la sua esperienza, possiamo trarre ispirazione per affrontare le nostre sfide personali e sociali con lo stesso spirito di fede e determinazione.

Concludere questo libro è solo un inizio. La vera sfida, e il vero dono, è vivere i principi di San Francesco nella nostra quotidianità. Che le sue parole e azioni continuino a ispirarci e a guidarci, aiutandoci a trovare il nostro cammino verso una vita di amore, semplicità e pace. Spero che questo libro abbia offerto uno spunto per riflessioni più profonde e abbia illuminato il vostro cuore, come la luce di Francesco ha illuminato il cammino di tanti.

Vi ringrazio sinceramente per aver intrapreso questo viaggio con me. Che possiate trovare nella vita di San Francesco la forza e la guida per fare del bene, per abbracciare la bellezza della semplicità e per amare con tutto il vostro cuore.

Con affetto e gratitudine,

Giorgio La Marca

Conosciamo l'autore... GIORGIO LA MARCA

(tratto da una sua intervista)

Mi chiamo Giorgio come il Cavaliere (n.d.r. San Giorgio) che combatte contro il drago per salvare la principessa. Mi chiamo Giorgio e rido. Rido da sempre. Non cerco un motivo per farlo, la vita da sola mi offre moltissimi spunti. Se mi faccio male rido... e le persone intorno a me impazziscono cercando capire se sia uno dei miei soliti scherzi; se mi arrabbio rido esibendo il mio migliore sorriso, non do mai soddisfazione a chi tenta di rovinarmi l'umore; quando lavoro sorrido e faccio sorridere... perché è il mio modo per dire che mi piace quello che faccio. Sarà che ho da sempre lavorato con i bambini e il viso e l'espressione sono fondamentali. Ho cominciato come animatore per diventare poi autore teatrale e televisivo, giornalista e infine scrittore. Scrivo di notte, quando tutta la mia casa rimane in silenzio (è alquanto felicemente affollata). Scrivo per mettere la tristezza tra parentesi e immaginare come le cose, al di là delle evidenti difficoltà della vita, dovrebbero andare. Scrivo per rimettere a posto le cose. So che le parole non sempre sortiscono l'effetto che vorremmo, ma sono un sognatore. Il primo libro che ho scritto per l'infanzia era una raccolta di piccole storie sui diritti dei bambini. Con la fantasia che mi ha sempre accompagnato e con il garbo di un educatore, quale io sono, da allora ho cercato di gridare a modo mio, con la scrittura, quello che non dovrebbe essere ribadito e raccontato, l'ovvio, il diritto alla felicità delle nuove generazioni.

INDICE

Prefazione   03

Personaggi   06

Presentazioni   11

Copione   33

Costumi   160

Scenografia   169

Conclusione   190

Conosciamo l'autore   194

www.ingramcontent.com/pod-product-compliance
Lightning Source LLC
Chambersburg PA
CBHW052252220526

45471CB00001B/298